思わず 解きたくなる
もっと
脳のための
毎日テスト

文字並び替え
言葉分け
言葉探し
穴あきしりとり
穴あき歌

《デイサービスたまや》

自由国民社

はじめに

脳を鍛えるって面白い！
出来そうで出来ないから面白い！

　本書は平成２７年に出版された「思わず解きたくなる脳のための毎日テスト」の第二弾です。

　第二弾といっても、第一弾を知らなくても出来る問題ばかりですから、どうぞご安心ください。

　今回も前作同様、私たちの施設「デイサービスたまや」のスタッフが高齢者の方に進んで脳トレをしていただけるような問題を作りました。

＊　　＊　　＊　　＊　　＊

　私たちは、脳トレ問題を作成する上でいつも心がけていることがあります。それは「知識を問う問題は作らない」ということです。

　デイサービスにいらっしゃる高齢者に限らず、「知らない」ということを「恥ずかしい」と思う方がいらっしゃいます。そして、「知らない」と思った時点で思考はストップしてしまうようです。

ですからこの本の問題は、**時間をかけて考えれば答えに辿りつくかもしれない**ということが特徴となっています。というのも、この先のページを見ていただければわかるとおり、ほとんどが問題の中に答えが隠れているからです。

　つまりは記憶の引き出しを開けるのが苦手になった認知症の方でも、解くことができるのです。

＊　　＊　　＊　　＊　　＊

　デイサービスたまやでは午前中や昼食後のちょっとした時間に、スタッフがさりげなく各テーブルの真ん中に脳トレ問題のプリントと鉛筆を置いています。

　すると、まずはその中のおひとりが手に取り、わからない問題があるとお隣さんに声をかけ……、気が付くとそのテーブルの方が全員でその1枚のプリントの問題を考えているという光景をよく目にします。

　こうなると他者とのコミュニケーションも取れ、それがまた脳の活性化につながり、一石二鳥となるわけです。

　こうした光景を見るにつけ、「こんなに利用者さんたちが楽しんでくれる脳トレを世に出さないのはもったいない」というひとりのスタッフの言葉をきっかけに、書籍化することになりました。

そして、ありがたいことに第一弾はたくさんの方に用いていただき、シリーズ化を望む声をいただいたことで、この第二弾の出版となったのです。

　この本は、「デイサービスたまや」という小さな空間にいる方だけに脳トレを楽しんでもらうだけなく、世の中のみなさんにも楽しんでほしいという思いから生まれました。

　ですから、「認知症にならないように今から脳トレをしよう！」などと堅苦しく考えずに、どうぞ気軽に始めていただけたらと思います。

　　　　　＊　　＊　　＊　　＊　　＊

　この本を使っていただいた方に、タイトルどおり「思わずもっと解きたくなった」と言っていただければ幸いです。

目　次

1 文字を並び替えます〈3〜5文字〉

3文字を並び替えましょう …………………………… **12**
4文字を並び替えましょう …………………………… **20**
5文字を並び替えましょう …………………………… **28**
解答 …………………………………………………… **36**
歌ってみましょう『青い山脈』………………………… **42**

2 もっと文字を並び替えます〈6〜7文字〉

6文字を並び替えましょう（ヒント付きの問題あり）… **44**
7文字を並び替えましょう（ヒント付きの問題あり）… **54**
解答 …………………………………………………… **65**
歌ってみましょう『憧れのハワイ航路』……………… **69**

3 2つの言葉に分かれます

2文字＋3文字に分けましょう ……………………… **72**
2文字＋4文字に分けましょう ……………………… **80**
3文字＋3文字に分けましょう ……………………… **88**
解答 …………………………………………………… **96**
歌ってみましょう『東京だよおっ母さん』…………… **102**

4 同じ文字が入ります

4文字の言葉 …………………………………… 104
5文字の言葉 …………………………………… 108
6文字の言葉 …………………………………… 112
解答 ……………………………………………… 115
歌ってみましょう『高校三年生』………………… 118

5 タテ・ヨコ・ナナメの言葉探し

春のもの ………………………………………… 120
夏のもの ………………………………………… 122
秋のもの ………………………………………… 124
冬のもの ………………………………………… 126
解答 ……………………………………………… 128
歌ってみましょう『南国土佐を後にして』………… 130

6 穴あきしりとりを完成させよう

3文字のしりとり ………………………………… 132
4文字のしりとり ………………………………… 138
解答 ……………………………………………… 140
歌ってみましょう『東京キッド』………………… 142

本書の使い方

　本書に掲載している問題を簡単にご説明いたします。

1 文字を並び替えます（3〜5文字）…12 ページ〜

　並んでいる文字を並び替えると、意味のある言葉になります。その言葉を探しあてます。

　最初のうちはどなたにも簡単に取り組んでいただくことができると思いますが、文字数が増えるにつれて難しくなっていきます。

　この問題では2つ以上の答えができる場合がありますので、解答ページに掲載した言葉だけが答えとは限りません。別の答えを見つけるのも、また一興です。

2 もっと文字を並び替えます（6〜7文字）…44 ページ〜

　引き続き文字を並び替える問題ですが、文字数が増え、難易度がぐんと上がります。そこで、6文字・7文字とも最初のほうのページには、問題の右隣のページにヒントをつけました。周りの方が口頭でヒントを出してもいいですし、ひとりでヒントを見ながら解いてもいいですね。

ヒントがない問題もたくさん用意しましたので、そちらもぜひチャレンジしてください。

3 2つの言葉に分かれます ……………72ページ〜

5〜6のランダムに並べた文字を、2〜4文字の意味のある言葉に分ける問題です。1つの言葉が見つかれば、もう1つの言葉も見つかりやすくなります。

難しいようで簡単な問題もあれば、簡単なようで難しい問題もあります。なかなか解けなくても、あきらめずに問題の文字を眺めているうちに、ふと解けることがあるかもしれません。

4 同じ文字が入ります ………………104ページ〜

4〜6文字の言葉に、□の数が2つ以上。□の中に同じ文字を入れると、意味のある言葉ができあがります。

濁点のついた文字だったり、□が3つある問題があったり……。答えを見てみれば「そうきたか！」と思わず口にしたくなるような問題がたくさんあります。

5 タテ・ヨコ・ナナメの言葉探し …120ページ〜

各方向から、タテ・ヨコ・ナナメに並んでいる意味のある言葉を見つける問題です。春・夏・秋・冬にちなんだ言葉を各ページ10個ずつ用意しました。

一般的な日本語の読み方である「上から下」「左から右」

だけでなく、「下から上」「右から左」に並べた言葉もありますので、気をつけて探してください。

6 穴あきしりとりを完成させよう……132ページ〜

　「こぶた」→「たぬき」→「きつね」→「ねずみ」のように、同じ文字数の言葉でしりとりをしていきます。3文字と4文字の問題をご用意しました。

　しりとりの答えは1つの言葉だけとは限りません。例えば、「こぶた→○○○→きつね」の問題で、「○○○」の言葉を「たんき」と思い浮かべる方もいれば、「たぬき」を思い浮かべる方もいらっしゃると思います。なじみのある言葉、思いついた言葉でどんどん答えてください。

歌ってみましょう…42・69・102・118・130・142ページ

　各章の解答の次のページに、懐かしい歌の歌詞を載せました。ところどころ空欄になっている歌詞を埋めながら、声に出して歌ってみてください。空欄の答えは、ページの下部に小さな字で上下逆に掲載しています。

〈 編集部より 〉
脳トレ問題を解くことによる変化、効果には個人差があります。どなたにもよい効果が起こるということを保障するものではありません。あらかじめご承知おきください。

10

1 文字を並び替えます

〈3〜5文字〉

文字並び替え

次の文字を並び替えて、言葉にしてください。

文字並び替え

3 文字編―1

① バ ツ キ

② コ ラ タ

③ ワ ハ イ

④ ツ キ ネ

⑤ ル カ エ

⑥ ラ ダ ク

⑦ ウ ス モ

⑧ タ ン ボ

⑨ ダ メ カ

⑩ サ ミ ハ

文字並び替え

次の文字を並び替えて、言葉にしてください。

① ド ウ ン

② ツ キ サ

③ ズ ナ マ

④ ラ プ ン

⑤ キ ー ケ

⑥ コ タ イ

⑦ バ ム シ

⑧ ル マ ク

⑨ カ シ カ

⑩ シ イ ワ

文字並び替え

文字並び替え

3 文字編—3

次の文字を並び替えて、言葉にしてください。

① シモヤ

② パッラ

③ リゴラ

④ マサン

⑤ リブキ

⑥ タユカ

⑦ オラク

⑧ ワデン

⑨ コンメ

⑩ ズアキ

14

文字並び替え

次の文字を並び替えて、言葉にしてください。

① ツバケ

② コシケ

③ ケドヤ

④ キホウ

⑤ ゴンダ

⑥ サエザ

⑦ ヤアメ

⑧ プッキ

⑨ トフン

⑩ ツバミ

3 文字編—4

文字並び替え

次の文字を並び替えて、言葉にしてください。

文字並び替え ３文字編―5

① ツマゲ

② キスー

③ ゲンレ

④ シスラ

⑤ ウトフ

⑥ ケリム

⑦ ポサン

⑧ スリヤ

⑨ ルタオ

⑩ アラコ

16

文字並び替え

次の文字を並び替えて、言葉にしてください。

① ド カ マ

② ズ ク モ

③ レ ア ラ

④ オ ラ カ

⑤ ス ソ ー

⑥ ボ リ ン

⑦ チ ッ マ

⑧ ド イ ン

⑨ ワ ウ キ

⑩ タ ー バ

文字並び替え

次の文字を並び替えて、言葉にしてください。

文字並び替え

3 文字編—7

① イ ズ ダ

② ズ ジ ュ

③ ク エ ツ

④ ス メ ル

⑤ パ カ ッ

⑥ タ ア ミ

⑦ オ ゲ サ

⑧ ニ シ タ

⑨ チ イ タ

⑩ ハ マ カ

18

文字並び替え

次の文字を並び替えて、言葉にしてください。

① ナテジ

② ジキヒ

③ ダソー

④ タレス

⑤ スンタ

⑥ ムキチ

⑦ オムウ

⑧ リマツ

⑨ モラグ

⑩ ルゴフ

3 文字編—8

文字並び替え

次の文字を並び替えて、言葉にしてください。

4文字編―1

① マギタネ

② コマハヨ

③ ケトスー

④ アロンイ

⑤ イナマタ

⑥ リミガチ

⑦ サフジン

⑧ ウシジョ

⑨ ヤリキト

⑩ ラスカテ

文字並び替え

次の文字を並び替えて、言葉にしてください。

① ツリキメ

② コタキヤ

③ キワオナ

④ ダンラベ

⑤ ラカクマ

⑥ サハクイ

⑦ イウトス

⑧ コパンチ

⑨ ウンカヨ

⑩ モシジャ

4 文字編―2

文字並び替え

次の文字を並び替えて、言葉にしてください。

① ウホタイ

② クノモダ

③ ケッセン

④ バミコゴ

⑤ コロイサ

⑥ ガナツグ

⑦ ランソマ

⑧ ブンシン

⑨ ナウイラ

⑩ ルオガン

文字並び替え

次の文字を並び替えて、言葉にしてください。

① イ ン ベ セ

② コ ケ ウ ン

③ ガ ナ キ サ

④ キ ク ニ ン

⑤ ソ メ ラ マ

⑥ ロ キ フ シ

⑦ ジ キ ハ オ

⑧ オ ウ メ ノ

⑨ マ ザ ン イ

⑩ ウ コ イ ス

4 文字編—4

文字並び替え

次の文字を並び替えて、言葉にしてください。

① キウホセ

② ロンバソ

③ ナカアリ

④ ンハンペ

⑤ ズコカノ

⑥ ジアイサ

⑦ マダビー

⑧ ヨナヅコ

⑨ チンキョ

⑩ ラプトン

文字並び替え

次の文字を並び替えて、言葉にしてください。

① ゲカアラ

② ソデリフ

③ ガオンク

④ ポタンユ

⑤ シクター

⑥ ミカリソ

⑦ テツウボ

⑧ ゴンシベ

⑨ ズイナマ

⑩ カンハチ

文字並び替え

次の文字を並び替えて、言葉にしてください。

① トエツン

② ツキマタ

③ カドツン

④ ブスート

⑤ ウキンゾ

⑥ プッキス

⑦ ガョウビ

⑧ ガロンウ

⑨ シトーレ

⑩ ミキフリ

文字並び替え

4 文字編—7

文字並び替え

次の文字を並び替えて、言葉にしてください。

① ウ ン デ ポ

② ケ ツ サ イ

③ ツ ー ナ ド

④ オ ミ オ カ

⑤ イ タ ウ ヨ

⑥ イ タ シ ケ

⑦ ギ キ ョ ン

⑧ コ ッ ケ ン

⑨ ラ フ マ ー

⑩ ガ ョ シ ウ

文字並び替え

次の文字を並び替えて、言葉にしてください。

文字並び替え 5 文字編―1

① ム ス ラ オ イ

② ル ユ ダ マ キ

③ ハ ョ ク ウ チ

④ ク シ メ ラ ン

⑤ ダ キ ル メ ン

⑥ ト ボ ケ タ ン

⑦ ホ バ ニ ン シ

⑧ ド ー ン ア モ

⑨ ラ フ ン パ イ

⑩ ク ボ ン レ カ

文字並び替え

次の文字を並び替えて、言葉にしてください。

① コ イ カ オ ヅ

② ラ ボ ク サ ン

③ カ ウ ホ ン セ

④ ラ ヤ ズ シ オ

⑤ ト チ ア セ メ

⑥ ビ ウ マ ン ホ

⑦ ジ ン ン ャ ケ

⑧ ノ ナ ケ マ モ

⑨ ロ ヤ キ ア シ

⑩ イ ッ オ セ ト

文字並び替え

5 文字編—2

29

文字並び替え

次の文字を並び替えて、言葉にしてください。

① ゴデタユマ

② イュウニン

③ シボグンク

④ ダカンーレ

⑤ パイッヨラ

⑥ ジアミクダ

⑦ ラシズチシ

⑧ ムブシトカ

⑨ マブアゴラ

⑩ スヒシヤン

文字並び替え

次の文字を並び替えて、言葉にしてください。

① ガ カ ー ル ン

② シ ン ホ ニ ュ

③ ハ タ キ エ タ

④ ガ ー ン マ リ

⑤ カ ミ ナ エ オ

⑥ サ コ テ ウ ン

⑦ シ メ モ キ ダ

⑧ ホ チ ウ ョ ウ

⑨ ゴ マ キ ヤ タ

⑩ ラ ー ク ッ カ

文字並び替え

文字並び替え

5 文字編—5

次の文字を並び替えて、言葉にしてください。

① スレッネク

⑥ マドノンジ

② ルンボーダ

⑦ リャクシッ

③ ツシカノク

⑧ ザンササエ

④ チコャシホ

⑨ アトボカン

⑤ ガヒバンナ

⑩ オセサマン

32

文字並び替え

次の文字を並び替えて、言葉にしてください。

① ツリカムタ

② モキノデヒ

③ クフイラワ

④ ハャンチー

⑤ ツカブオシ

⑥ ウホキマエ

⑦ ゲレントン

⑧ ニクンコャ

⑨ ミリマタズ

⑩ スウーキイ

文字並び替え

文字並び替え

5 文字編 — 7

次の文字を並び替えて、言葉にしてください。

① カ ン エ ケ モ

⑥ ル ザ イ ワ カ

② パ ス テ ゲ ィ

⑦ オ ン ケ コ ナ

③ ポ ト ル ル ガ

⑧ ル チ ン ャ ネ

④ ミ ハ ナ キ ノ

⑨ ジ ル ン グ ャ

⑤ ミ ハ ズ キ ナ

⑩ マ ッ テ キ カ

34

文字並び替え

次の文字を並び替えて、言葉にしてください。

① シンジャテ

② ズスキリカ

③ ネタマガシ

④ ウンニョギ

⑤ ヒブキノロ

⑥ ジサイダケ

⑦ ウュタキッ

⑧ ポカギッウ

⑨ ジーソーセ

⑩ オアリドワ

解答 答えはここに掲載する1つの言葉とは限りません。

並び替え3文字編—解答

3文字編—1

① バツキ → ツバキ
② コラタ → タラコ
③ ワハイ → ハワイ
④ ツキネ → キツネ
⑤ ルカエ → カエル
⑥ ラダク → ラクダ
⑦ ウスモ → スモウ
⑧ タンボ → ボタン
⑨ ダメカ → メダカ
⑩ サミハ → ハサミ

3文字編—2

① ドウン → ウドン
② ツキサ → サツキ
③ ズナマ → ナマズ
④ ラプン → ランプ
⑤ キーケ → ケーキ
⑥ コタイ → タイコ
⑦ バムシ → ムシバ
⑧ ルマク → クルマ
⑨ カシカ → カカシ
⑩ シイワ → イワシ

3文字編—3

① シモヤ → モヤシ
② パッラ → ラッパ
③ リゴラ → ゴリラ
④ マサン → サンマ
⑤ リブキ → ブリキ
⑥ タユカ → ユカタ
⑦ オラク → オクラ
⑧ ワデン → デンワ
⑨ コンメ → メンコ
⑩ ズアキ → アズキ

3文字編—4

① ツバケ → バケツ
② コシケ → コケシ
③ ケドヤ → ヤケド
④ キホウ → ホウキ
⑤ ゴンダ → ダンゴ
⑥ サエザ → サザエ
⑦ ヤアメ → アヤメ
⑧ プッキ → キップ
⑨ トフン → フトン
⑩ ツバミ → ミツバ

3文字編—5

① ツマゲ	マツゲ	⑥ ケリム	ケムリ
② キスー	スキー	⑦ ポサン	サンポ
③ ゲンレ	レンゲ	⑧ スリヤ	ヤスリ
④ シスラ	シラス	⑨ ルタオ	タオル
⑤ ウトフ	トウフ	⑩ アラコ	コアラ

3文字編—7

① イズダ	ダイズ	⑥ タアミ	アタミ
② ズジュ	ジュズ	⑦ オゲサ	オサゲ
③ クエツ	ツクエ	⑧ ニシタ	タニシ
④ スメル	スルメ	⑨ チイタ	イタチ
⑤ パカッ	カッパ	⑩ ハマカ	ハカマ

3文字編—6

① ドカマ	カマド	⑥ ボリン	リボン
② ズクモ	モズク	⑦ チッマ	マッチ
③ レアラ	アラレ	⑧ ドイン	インド
④ オラカ	オカラ	⑨ ワウキ	ウキワ
⑤ スソー	ソース	⑩ ターバ	バター

3文字編—8

① ナテジ	テジナ	⑥ ムキチ	キムチ
② ジキヒ	ヒジキ	⑦ オムウ	オウム
③ ダソー	ソーダ	⑧ リマツ	マツリ
④ タレス	レタス	⑨ モラグ	モグラ
⑤ スンタ	タンス	⑩ ルゴフ	ゴルフ

並び替え 3 文字編— 解答

解答

答えはここに掲載する１つの言葉とは限りません。

４文字編―１

① マギタネ → タマネギ
② コマハヨ → ヨコハマ
③ ケトスー → スケート
④ アロンイ → アイロン
⑤ イナマタ → マナイタ
⑥ リミガチ → チリガミ
⑦ サフジン → フジサン
⑧ ウシジョ → ショウジ
⑨ ヤリキト → ヤキトリ
⑩ ラスカテ → カステラ

４文字編―３

① ウホタイ → ホウタイ
② クノモダ → クダモノ
③ ケッセン → セッケン
④ バミコゴ → ゴミバコ
⑤ コロイサ → サイコロ
⑥ ガナツグ → ナガグツ
⑦ ランソマ → マラソン
⑧ ブンシン → シンブン
⑨ ナウイラ → ウラナイ
⑩ ルオガン → オルガン

４文字編―２

① ツリキメ → ツメキリ
② コタキヤ → タコヤキ
③ キワオナ → オキナワ
④ ダンラベ → ベランダ
⑤ ラカクマ → カマクラ
⑥ サハクイ → ハクサイ
⑦ イウトス → スイトウ
⑧ コパンチ → パチンコ
⑨ ウンカヨ → ヨウカン
⑩ モシジャ → シャモジ

４文字編―４

① インベセ → センベイ
② コケウン → ケンコウ
③ ガナキサ → ナガサキ
④ キクニン → キンニク
⑤ ソメラマ → ソラマメ
⑥ ロキフシ → フロシキ
⑦ ジキハオ → オハジキ
⑧ オウメノ → ウオノメ
⑨ マザンイ → マンザイ
⑩ ウコイス → コウスイ

4文字編—5

① キウホセ
ホウセキ
② ロンバソ
ソロバン
③ ナカアリ
カナリア
④ ンハンペ
ハンペン
⑤ ズコカノ
カズノコ
⑥ ジアイサ
アジサイ
⑦ マダビー
ビーダマ
⑧ ヨナヅコ
ヨコヅナ
⑨ チンキョ
チョキン
⑩ ラプトン
トランプ

4文字編—6

① ゲカアラ
カラアゲ
② ソデリフ
フリソデ
③ ガオンク
オンガク
④ ポタンユ
ユタンポ
⑤ シクター
タクシー
⑥ ミカリソ
カミソリ
⑦ テツウボ
テツボウ
⑧ ゴンシベ
ベンゴシ
⑨ ズイナマ
イナズマ
⑩ カンハチ
ハンカチ

4文字編—7

① トエッン
エントツ
② ツキマタ
タツマキ
③ カドツン
カッドン
④ ブスート
ストーブ
⑤ ウキンゾ
ゾウキン
⑥ プッキス
スキップ
⑦ ガョウビ
ガビョウ
⑧ ガロンウ
ロウガン
⑨ シトーレ
レシート
⑩ ミキフリ
フミキリ

4文字編—8

① ウンデポ
デンポウ
② ケツサイ
ケイサツ
③ ツーナド
ドーナツ
④ オミオカ
オオカミ
⑤ イタウヨ
タイヨウ
⑥ イタシケ
シイタケ
⑦ ギキョン
キンギョ
⑧ コッケン
ケッコン
⑨ ラフマー
マフラー
⑩ ガョシウ
ショウガ

39

解 答

答えはここに掲載する１つの言葉とは限りません。

5文字編—1

① ムスラオイ → オムライス　　⑥ トボケタン → タケトンボ
② ルユダキマ → ユキダルマ　　⑦ ホバニンシ → ニホンバシ
③ ハョクウチ → ハクチョウ　　⑧ ドーンアモ → アーモンド
④ クシメラン → シクラメン　　⑨ ラフンパイ → フライパン
⑤ ダキルメン → キンメダル　　⑩ クボンレカ → カクレンボ

5文字編—2

① コイカオヅ → オコヅカイ　　⑥ ビウマンホ → マホウビン
② ラボクサン → サクランボ　　⑦ ジンンャケ → ジャンケン
③ カウホンセ → ホウセンカ　　⑧ ノナケマモ → ナマケモノ
④ ラヤズシオ → オヤシラズ　　⑨ ロヤキアシ → ヤシロアキ
⑤ トチアセメ → チトセアメ　　⑩ イッオセト → オットセイ

5文字編—3

① ゴデタユマ → ユデタマゴ　　⑥ ジアミクダ → アミダクジ
② イュウニン → ニュウイン　　⑦ ラシズチシ → チラシズシ
③ シボグンク → ボクシング　　⑧ ムブシトカ → カブトムシ
④ ダカンーレ → カレンダー　　⑨ マブアゴラ → ゴマアブラ
⑤ パイッヨラ → ヨッパライ　　⑩ スヒシヤン → ヒヤシンス

5文字編—4

① ガカールン → カンガルー　　⑥ サコテウン → コウサテン
② シンホニュ → ニホンシュ　　⑦ シメモキダ → キモダメシ
③ ハタキエタ → ハエタタキ　　⑧ ホチウョウ → ホウチョウ
④ ガーンマリ → マーガリン　　⑨ ゴマキヤタ → タマゴヤキ
⑤ カミナエオ → ナカオミエ　　⑩ ラークッカ → クラッカー

5 文字編—5

① スレッネク　ネックレス
② ルンボーダ　ダンボール
③ ツシカノク　ツノカクシ
④ チコャシホ　シャチホコ
⑤ ガヒバンナ　ヒガンバナ
⑥ マドノンジ　ノドジマン
⑦ リャクシッ　シャックリ
⑧ ザンサザエ　サザエサン
⑨ アトボカン　アカトンボ
⑩ オセサマン　センマサオ

5 文字編—7

① カンエケモ　エモンカケ
② パステギィ　スパゲティ
③ ポトルルガ　ポルトガル
④ ミハナキノ　キミノナハ
⑤ ミハズキナ　ハナミズキ
⑥ ルザイワカ　カルイザワ
⑦ オンケコナ　ケンナオコ
⑧ ルチンャネ　チャンネル
⑨ ジルングャ　ジャングル
⑩ マッテキカ　テッカマキ

5 文字編—6

① ツリカムタ　カタツムリ
② モキノデヒ　ヒキデモノ
③ クフイラワ　フクワライ
④ ハャンチー　チャーハン
⑤ ツカブオシ　カツオブシ
⑥ ウホキマエ　エホウマキ
⑦ ゲレントン　レントゲン
⑧ ニクンコャ　コンニャク
⑨ ミリマタズ　ミズタマリ
⑩ スウーキイ　ウイスキー

5 文字編—8

① シンジャテ　ジテンシャ
② ズスキリカ　カスリキズ
③ ネタマガシ　タネガシマ
④ ウンニョギ　ニンギョウ
⑤ ヒブキノロ　ヒノキブロ
⑥ ジサイダケ　サダケイジ
⑦ ウュタキッ　タッキュウ
⑧ ポカギッウ　カッポウギ
⑨ ジーソーセ　ソーセージ
⑩ オアリドワ　アワオドリ

空欄を埋めながら、声に出して歌ってみましょう。

『青い山脈』

作詞・西條 八十 ／ 作曲・服部 良一

1　若く明るい　　歌声に
　　　①　は消える　　花も咲く
　　　青い山脈　　②　桜
　　　空のはて
　　　今日もわれらの　　③　を呼ぶ

2　古い上衣よ　　さようなら
　　　さみしい夢よ　　さようなら
　　　青い山脈　　バラ色雲へ
　　　あこがれの
　　　旅の乙女に　　鳥も啼く

【空欄の解答】①雪崩 ②輝く ③夢

2 もっと文字を並び替えます
〈6〜7文字〉

文字並び替え

文字並び替え

6 文字編—1

次の文字を並び替えて、言葉にしてください。

① パアガラスス

⑥ ズミンウヨカ

② ジンーパンチ

⑦ キツシロイヒ

③ ザオコトウリ

⑧ ウセフタデテ

④ グョチチオボ

⑨ キンシジャリ

⑤ ケトフウドン

⑩ テカンシズイ

前ページ問題の
ヒント

① 野菜の名前です。
緑色と白色があります。
ベーコンとの相性は
抜群。

② 動物園の人気者。
最も人間に近い霊長類。
知能は人間の4歳児
ほどです。

③ 見た目は宝石のようです。
そのままでもいけます。
梅酒作りに必要です。

④ 小さくつぼめて。
オーバーにすると
「ひょっとこ」。
褒め言葉でもあります。

⑤ 日本全国。
全部言えますか？
ずばり47。

⑥ 夏になると食べたくな
ります。
小豆と寒天で作ります。
冷やしてどうぞ。

⑦ モノマネする方が多い
です。
（1）目を少し細めて、
（2）こぶしを握って。

⑧ （1）地面に両手をつい
て、（2）そのまま腕を
曲げます。
鍛えましょう。

⑨ 昔の移動手段。
観光地では今でも見か
けます。
ハイカラさんが通る。

⑩ 外国人にも大人気。
お会計はお皿を数えて。
○○以外のメニューも
豊富。

文字並び替え

次の文字を並び替えて、言葉にしてください。

① コタナッヒボ

② ハラケイドシ

③ ラグクンマテ

④ ハマギャペー

⑤ クコトーンリ

⑥ ロキヅヨボオ

⑦ ソバウンコウ

⑧ バシマリツヤ

⑨ コウイウケト

⑩ ハアウォゲチ

前ページ問題の
ヒント

① 縁側にて。気持ちよく
なって、ウトウト。
動物もしています。

② 昔は振り子式でした。
重いのでこの位置に。
鳩が出てくることも。

③ 時代小説です。
黒い頭巾がトレード
マーク。テレビでは色々
な俳優さんが。

④ 「ドレミの歌」の日本版
を作詞。
ひらけポンキッキに出演。
ケ・セラ・セラ。

⑤ 建築材料です。
鉄筋と一緒に。
固まる前は生です。

⑥ 童謡です。
春の月。
源氏物語の登場人物。

⑦ 傷口を保護します。
一家に一箱。全国で
呼び名もそれぞれ。

⑧ 和楽器を使用。
祭りにて演奏される音楽。
ドンドン、ヒャララ、
ドンヒャララ。

⑨ 棒状や環状のものがあ
ります。教室の天井に。
寿命前にはチカチカ。

⑩ 昆虫です。
きれいな模様が特徴的。
お花畑をヒラヒラ。

文字並び替え

文字並び替え

6 文字編—3

次の文字を並び替えて、言葉にしてください。

① コ ウ ュ ン シ キ

⑥ イ コ ッ ゴ タ チ

② シ ャ ム チ ワ ン

⑦ イ イ ソ ラ ワ ア

③ イ コ ワ ラ イ ズ

⑧ シ ョ ワ カ ヒ キ

④ セ キ ガ ン ッ ユ

⑨ ア ヌ テ レ ワ デ

⑤ ウ チ ャ ュ シ キ

⑩ ス ッ ネ カ タ ト

48

文字並び替え

次の文字を並び替えて、言葉にしてください。

① グレドンッシ

② アナトッマウ

③ ナギシオトバ

④ メミーランソ

⑤ ロコジクフウ

⑥ トノウンハト

⑦ カマーッーサ

⑧ マドタウゴフ

⑨ ウチンオュゲ

⑩ セシジイキン

6 文字編—4

文字並び替え

次の文字を並び替えて、言葉にしてください。

① イドダモヤン

② カツラムハヤ

③ エロリヒスガ

④ サウーアンナ

⑤ シリチイモン

⑥ ゾゴロッウプ

⑦ イサブコヨシ

⑧ セエベビイン

⑨ ポデウッズミ

⑩ テウチンョウ

文字並び替え

次の文字を並び替えて、言葉にしてください。

① ケッキトホー

② シキメユラヒ

③ オシタヨタバ

④ ダクハリンミ

⑤ テコッウンイ

⑥ クシュキウョ

⑦ ュウリチゴム

⑧ リンハンセボ

⑨ マンウドエメ

⑩ ケチウンイベ

文字並び替え

次の文字を並び替えて、言葉にしてください。

① グクンリニー

② ノオホモシザ

③ モダッンタス

④ ジフワクツュ

⑤ リランマサー

⑥ イカクヨイス

⑦ エチイチイゴ

⑧ マシトデイア

⑨ ゲンケカッイ

⑩ カチチイカバ

文字並び替え

次の文字を並び替えて、言葉にしてください。

① ヤ リ イ ミ オ マ

② リ ン ク ン キ ト

③ ラ ハ エ ン ケ ウ

④ カ サ ボ サ コ マ

⑤ バ コ ニ ン コ ネ

⑥ シ ケ マ ク フ ン

⑦ ポ カ ク ウ ン ヤ

⑧ イ バ オ ロ シ ナ

⑨ シ ザ ラ レ ダ ク

⑩ ツ リ ノ ジ ア ケ

文字並び替え

6 文字編—8

文字並び替え

次の文字を並び替えて、言葉にしてください。

① ホ ラ ム ッ ー プ ト

⑥ モ ホ ウ ン ウ ソ ベ

② カ ン テ イ ウ ノ ヘ

⑦ イ ガ ツ ツ ッ マ シ

③ ハ メ リ ス イ コ ム

⑧ ジ ッ ン ビ ウ ハ ポ

④ ウ ク イ ョ タ ネ チ

⑨ メ ウ ン デ ュ キ マ

⑤ ダ ズ ナ メ ス ミ ノ

⑩ ク ソ ト ー リ フ ム

54

前ページ問題の

① ここで乗り降りします。真ん中にあったり、両側だったり。終電間際には恋人たちが。

② 明治、大正、昭和、平成。日本国の象徴。日本国民統合の象徴。

③ 大事に育てられました。何も出来ないお嬢様。虫がつかないように。

④ その形からこう呼ばれます。タキシードに。めざましテレビの軽部さん。

⑤ ごくわずかな。なけなしの。爪の先ほどの。

⑥ 人のためにつくものです。必要な時もあります。仏教に由来する言葉です。

⑦ 元プロボクサー。あるポーズで有名。大好物はバナナです。

⑧ 四字熟語です。誰に対してもいい顔をします。周りからはよく思われないようです。

⑨ 常夜灯です。真っ暗だと不安で・・・。LEDもあります。

⑩ 主に牛乳から作られます。色々な味があります。溶けやすいのでご注意を。

文字並び替え

文字並び替え

7 文字編—2

次の文字を並び替えて、言葉にしてください。

① レ ヒ ン ナ ク ン ン

⑥ カ ニ ボ ウ ニ ナ オ

② ク ラ ガ ン フ イ ナ

⑦ シ サ ム ブ キ ラ キ

③ ノ ラ ミ ホ シ ズ ド

⑧ シ ュ ウ ニ ク ガ キ

④ カ テ ャ ジ ヒ ン ッ

⑨ ギ ン イ ス キ ョ ク

⑤ ニ イ コ ク ン ャ モ

⑩ イ ダ ノ モ リ ネ ナ

前ページ問題の ヒント

① いざという時のために。地震、火災、大雨・・・。定期的に実施しましょう。

② 低音ボイスが素敵です。有楽町で逢いましょう。熱狂的な巨人ファンだそうです。

③ ことわざです。自分の能力や地位を過大評価。身分不相応。

④ 昭和の家庭でよく見かけました。あらゆる知識の詰まった書物。日本では平安中期に登場。

⑤ 植物です。群馬県が収穫量１位。低カロリーの健康食品になります。

⑥ それでは強すぎます。虎に翼。弁慶に薙刀。

⑦ 源氏物語の作者。花の名前にもなっています。百人一首の歌人の一人。

⑧ 桜の下で。期待と不安でいっぱいです。ランドセル。

⑨ お祭りの屋台。ポイという道具を使います。破れないように。

⑩ ない物を無理に欲しがる。実現不可能。古典落語の演目の１つ。

文字並び替え

文字並び替え

7 文字編―3

次の文字を並び替えて、言葉にしてください。

① クソンャチイギ

② クスサタロンー

③ ゼザトイオメン

④ ギハンシンンハ

⑤ ルアコオサリカ

⑥ ウンョガシイテ

⑦ ソニノニタラン

⑧ シレヤッウコャ

⑨ キンッサュウイ

⑩ ウョウソキガン

58

前ページ問題の ヒント

① 海の中でユラユラ。
毒があります。
クマノミという魚と
共存しています。

② クリスマスにやって
来ます。
プレゼントを担いで。
相棒はトナカイです。

③ 織田作之助の小説。
大阪の法善寺横にある
店名。石川さゆりさん
の歌にもあります。

④ どっちかな？
信じられそうで疑わし
い。判断に迷います。

⑤ 日活の看板女優。
愛称は「ルリルリ」。
「男はつらいよ」の
リリー役でした。

⑥ アーケード。
お肉屋さんのコロッケ。
福引。

⑦ そっくりさん。
瓜二つ。
でも違う。

⑧ 寝台列車。
走るホテル。
ななつ星は豪華です。

⑨ あわてない、あわてない。
ひと休み、ひと休み。
トンチが得意です。

⑩ 大きく見えます。
レンズが２つ。
スポーツ観戦やコンサ
ートに。

文字並び替え

文字並び替え

7 文字編—4

次の文字を並び替えて、言葉にしてください。

① ロ レ ー コ ス ル テ

⑥ サ ニ ソ ン ン モ ク

② ウ ボ ド ク タ ノ イ

⑦ デ シ ラ シ ン バ ン

③ ピ イ カ ッ ン テ ン

⑧ ヤ ケ コ ウ ヤ ケ ユ

④ ル ニ ス ビ ー ウ ハ

⑨ ウ ン シ キ ヨ コ ン

⑤ イ ナ バ ョ シ ナ シ

⑩ チ ネ ン グ ス ア ャ

60

文字並び替え

次の文字を並び替えて、言葉にしてください。

① クューリムシー

② デエコハンキネ

③ マフカクバクラ

④ ガハロスカウチ

⑤ ハハブメチンラ

⑥ シッイオョクル

⑦ モサテックイタ

⑧ キガョロウウン

⑨ ネシンネンマツ

⑩ ゴタクンッセノ

文字並び替え 7 文字編—5

文字並び替え

次の文字を並び替えて、言葉にしてください。

① ウトイウリダョ

② シヤチバサココ

③ オワキセオナオ

④ ウウッデボコチ

⑤ カウシュヤヒチ

⑥ ズアニケマメモ

⑦ フンョキギンノ

⑧ ピーコュンター

⑨ ラカヨサクモウ

⑩ ダンミゼインモ

文字並び替え

次の文字を並び替えて、言葉にしてください。

① チョチウシンメ

② バソレイガワマ

③ リプムウネラタ

④ ハチメモイナン

⑤ ムンーヘクバー

⑥ メノセナトハヨ

⑦ ボドーマウーフ

⑧ シカメムシマス

⑨ シルマュムッー

⑩ イュガチームン

7文字編—7

文字並び替え

次の文字を並び替えて、言葉にしてください。

① ワイデイケタン

② オリイドノズコ

③ チッイュサザウ

④ クックュリッサ

⑤ コタエネミミカ

⑥ ウビモョオノク

⑦ イウトョタゴシ

⑧ ラカキビンノン

⑨ ケウチナュマイ

⑩ デインシンンシ

答えはここに掲載する1つの言葉とは限りません。

並び替え 6 文字編—解答

6文字編—1

① パアガラスス → アスパラガス
② ジンーパンチ → チンパンジー
③ ザオコトウリ → コオリザトウ
④ グョチチオボ → オチョボグチ
⑤ ケトフウドン → トドウフケン
⑥ ズミンウヨカ → ミズヨウカン
⑦ キツシロイヒ → イツキヒロシ
⑧ ウセフタデテ → ウデタテフセ
⑨ キンシジャリ → ジンリキシャ
⑩ テカンジズイ → カイテンズシ

6文字編—2

① コタナッヒポ → ヒナタボッコ
② ハラケイドシ → ハシラドケイ
③ ラグクンマテ → クラマテング
④ ハマギヤペー → ペギーハヤマ
⑤ クコトーンリ → コンクリート
⑥ ロキヅヨボオ → オボロヅキヨ
⑦ ソバウンコウ → バンソウコウ
⑧ バシマリツヤ → マツリバヤシ
⑨ コウイウケト → ケイコウトウ
⑩ ハアウョゲチ → アゲハチョウ

6文字編—3

① コウュンシキ → シンコキュウ
② シャムチワン → チャワンムシ
③ イコワライズ → コイワズライ
④ セキガンッユ → ユキガッセン
⑤ ウチャュシキ → チュウシャキ
⑥ イコッゴタチ → イタチゴッコ
⑦ イインラワア → アイソワライ
⑧ ショワカヒキ → ヒカワキヨシ
⑨ アヌテレワデ → ヌレテデアワ
⑩ スッネカタト → カスタネット

6文字編—4

① グレドンッシ → ドレッシング
② アナトッマウ → アマナットウ
③ ナギシオトバ → オトギバナシ
④ メミーランソ → ミソラーメン
⑤ ロコジクフウ → フクロコウジ
⑥ トノウンハト → ノトハントウ
⑦ カマーッーサ → マッカーサー
⑧ マドタウゴフ → タマゴドウフ
⑨ ウチンオュゲ → オチュウゲン
⑩ セシジイキン → セイジンシキ

65

答えはここに掲載する1つの言葉とは限りません。

6文字編—5

① イドダモヤン / ダイヤモンド
⑥ ゾゴロッウプ / ゴゾウロップ
② カツラムハヤ / ヤツハカムラ
⑦ イサブコヨシ / ヨサコイブシ
③ エロリヒスガ / スエヒロガリ
⑧ セエベビイン / エビセンベイ
④ サウーアンナ / アナウンサー
⑨ ポデウッズミ / ミズデッポウ
⑤ シリチイモン / モリシンイチ
⑩ テウチンョウ / ウチョウテン

6文字編—6

① ケッキトホー / ホットケーキ
⑥ クシュキウォ / キュウショク
② シキメユラヒ / シラユキヒメ
⑦ ュウリチゴム / ゴリムチュウ
③ オシタヨタバ / タバタヨシオ
⑧ リンハンセポ / ハリセンボン
④ ダクハリンミ / ミクダリハン
⑨ マンウドエメ / エンドウマメ
⑤ テコッウンイ / コウイッテン
⑩ ケチウンイベ / ウチベンケイ

6文字編—7

① グクンリニー / クリーニング
⑥ イカクヨイス / カイスイヨク
② ノオホモシザ / モノホシザオ
⑦ エチイチイゴ / イチゴイチエ
③ モダッンタス / スッタモンダ
⑧ マシトデイア / アシデマトイ
④ ジフワクツユ / フクワジュツ
⑨ ゲンケカッイ / ゲッケイカン
⑤ リランマサー / サラリーマン
⑩ カチチイカバ / イチカバチカ

6文字編—8

① ヤリイミオマ / オミヤマイリ
⑥ シケマクフン / フクシマケン
② リンクンキト / クリキントン
⑦ ポカクウンヤ / カンポウヤク
③ ラハエンケウ / ウエハラケン
⑧ イバオロシナ / オシロイバナ
④ カサボサコマ / ササカマボコ
⑨ シザラレダク / シダレザクラ
⑤ バコニンコネ / ネコニコバン
⑩ ツリノジアケ / アジツケノリ

7 文字編—1

① ホラムーープト
プラットホーム

⑥ モホウンウソベ
ウソモホウベン

② カンテイウノヘ
テンノウヘイカ

⑦ イガツツッマシ
ガッツイシマツ

③ ハメリスイコム
ハコイリムスメ

⑧ ジッンビウハポ
ハッポウビジン

④ ウクイョタネチ
チョウネクタイ

⑨ メウンデュキマ
マメデンキュウ

⑤ ダズナメスミノ
スズメノナミダ

⑩ クソトーリフム
ソフトクリーム

7 文字編—3

① クソャチイギ
イソギンチャク

⑥ ウンョガシイテ
ショウテンガイ

② クスサタロンー
サンタクロース

⑦ ソニノニタラン
タニンノソラニ

③ ゼザトイオメン
メオトゼンザイ

⑧ シレヤッウコャ
ヤコウレッシャ

④ ギハンシンンハ
ハンシンハンギ

⑨ キンッサュウイ
イッキュウサン

⑤ ルアコオサリカ
アサオカルリコ

⑩ ウョウソキガン
ソウガンキョウ

7 文字編—2

① レヒンナクンン
ヒナンクンレン

⑥ カニボウニナオ
オニニカナボウ

② クラガンフイナ
フランクナガイ

⑦ シサムブキラキ
ムラサキシキブ

③ ノラミホシズド
ミノホドシラズ

⑧ シュウニクガキ
ニュウガクシキ

④ カテャジヒンッ
ヒャッカジテン

⑨ ギンイスキョク
キンギョスクイ

⑤ ニイコクンャモ
コンニャクイモ

⑩ イダノモリネナ
ナイモノネダリ

7 文字編—4

① ロレーコスルテ
コレステロール

⑥ サニソンンモク
ニソクサンモン

② ウボドクタノイ
ウドノタイボク

⑦ デシラシンバン
デンシンバシラ

③ ピイカッンテン
テンカイッピン

⑧ ヤケコウヤケユ
ユウヤケコヤケ

④ ルニスビーウハ
ビニールハウス

⑨ ウンシキヨコン
シンヨウキンコ

⑤ イナバョシナシ
ナイショバナシ

⑩ チネングスァャ
アグネスチャン

67

答えはここに掲載する1つの言葉とは限りません。

7文字編―5

① クューリムシー / シュークリーム
⑥ ジッイオォクル / オイルショック
② デエコハンキネ / ハコネエキデン
⑦ モサテックイタ / クサッテモタイ
③ マフカクバクラ / カマクラバクフ
⑧ キガョロウウン / ロウガンキョウ
④ ガハロスカウチ / カスガハチロウ
⑨ ネシンネンマツ / ネンマツネンシ
⑤ ハハブメチンラ / ハラハチブンメ
⑩ ゴタクンッセノ / タンゴノセック

7文字編―7

① チョチウシンメ / シチメンチョウ
⑥ メノセナトハヨ / セトノハナヨメ
② バソレイガワマ / イソガバマワレ
⑦ ボドーマウーフ / マーボードウフ
③ リプムウネラタ / プラネタリウム
⑧ シカメムシマス / カシマシムスメ
④ ハチメモイナン / ハナイチモンメ
⑨ シルマュムッー / マッシュルーム
⑤ ムンーヘクバー / バームクーヘン
⑩ イュガチームン / チューインガム

7文字編―6

① ウトイウリダョ / ダイトウリョウ
⑥ ズアニケマメモ / アメニモマケズ
② シヤチバサココ / コバヤシサチコ
⑦ フンョキギンノ / キンギョノフン
③ オワキセオナオ / オオキナオセワ
⑧ ピーコュンター / コンピューター
④ ウウッデボコチ / デッチボウコウ
⑨ ラカヨサクモウ / カラクサモヨウ
⑤ カウシュヤヒチ / ヒヤシチュウカ
⑩ ダンミゼインモ / ゼンダイミモン

7文字編―8

① ワイディケタン / ケイタイデンワ
⑥ ウビモョオノク / オクビョウモノ
② オリイドノズコ / イズノオドリコ
⑦ イウトョタゴシ / タイショウゴト
③ チッイユサザウ / サッチュウザイ
⑧ ラカキビンノン / カンノンビラキ
④ クックュリッサ / リュックサック
⑨ ケウチナュマイ / ナマチュウケイ
⑤ コタエネミミカ / タカミネミエコ
⑩ ディンシンンシ / イシンデンシン

空欄を埋めながら、声に出して歌ってみましょう。

『憧れのハワイ航路』

作詞・石本 美由起 ／ 作曲・江口 夜詩

1
晴れた空　　そよぐ　①
港出船の　　　②　の音たのし
別れ　③　を　　笑顔で切れば
のぞみはてない　　はるかな　④
あああ　　憧れの　　ハワイ航路

2
波の背を　　バラ色に
染めて真っ赤な　　夕陽がしずむ
一人デッキで　　ウクレレひけば
歌もなつかし　　あのアロハオエ
あああ　　憧れの　　ハワイ航路

【空欄の解答】① 風　② ドラ　③ テープ　④ 潮路

3

2つの言葉に分かれます

2つの言葉

2つの言葉　2文字＋3文字編 ― 1

次の文字を2文字と3文字に分けてください。

① ラ ネ ラ バ ム →
② ロ シ ン メ ス →
③ ニ バ ツ ワ メ →
④ ユ ゴ マ メ タ →
⑤ キ ツ ラ ダ サ →
⑥ ナ タ バ ゲ ナ →
⑦ ラ モ レ ン ト →
⑧ ズ ネ ー チ ギ →
⑨ ラ オ ミ ジ ウ →
⑩ カ ヘ チ イ マ →

２つの言葉

次の文字を２文字と３文字に分けてください。

① ギウタサカ ➡ □□ □□□

② ミナミズス ➡ □□ □□□

③ フイグヤサ ➡ □□ □□□

④ アニウノピ ➡ □□ □□□

⑤ ゾトイウケ ➡ □□ □□□

⑥ ニヒコカヨ ➡ □□ □□□

⑦ クギヤマラ ➡ □□ □□□

⑧ ラヒアワル ➡ □□ □□□

⑨ ズエネミビ ➡ □□ □□□

⑩ ヨッキトフ ➡ □□ □□□

２つの言葉

2 文字＋**3** 文字編 ― 2

2つの言葉

2つの言葉　2文字＋3文字編—3

次の文字を2文字と3文字に分けてください。

① クリキキン　➡ □□　□□□

② スミセソン　➡ □□　□□□

③ キキコユノ　➡ □□　□□□

④ リスゴンミ　➡ □□　□□□

⑤ トボイター　➡ □□　□□□

⑥ ドコッタノ　➡ □□　□□□

⑦ ワグマビロ　➡ □□　□□□

⑧ スカイトイ　➡ □□　□□□

⑨ ウタサナビ　➡ □□　□□□

⑩ トルンサヒ　➡ □□　□□□

74

2つの言葉

次の文字を2文字と3文字に分けてください。

① ザ ル ビ ヒー ➡ ☐☐ ☐☐☐
② ル ビ カ ツ ン ➡ ☐☐ ☐☐☐
③ ビ サ マ ワ コ ➡ ☐☐ ☐☐☐
④ チ ヘ ゴ イ ソ ➡ ☐☐ ☐☐☐
⑤ コ ワ ビ ユ ケ ➡ ☐☐ ☐☐☐
⑥ ブ カ ス キ ス ➡ ☐☐ ☐☐☐
⑦ マ ア コ ダ リ ➡ ☐☐ ☐☐☐
⑧ ク ギ ム イ マ ➡ ☐☐ ☐☐☐
⑨ ム ホ デ ネ カ ➡ ☐☐ ☐☐☐
⑩ リ テ ビ ノ レ ➡ ☐☐ ☐☐☐

2つの言葉 **2**文字+**3**文字編―4

2つの言葉

2つの言葉　2文字＋3文字編—5

次の文字を2文字と3文字に分けてください。

① ク ハ マ チ マ → ☐☐ ☐☐☐
② カ タ ミ ラ ン → ☐☐ ☐☐☐
③ ウ ブ メ マ ド → ☐☐ ☐☐☐
④ ガ セ レ ン ミ → ☐☐ ☐☐☐
⑤ ド ジ ツ ツ ア → ☐☐ ☐☐☐
⑥ リ ミ ハ ナ ダ → ☐☐ ☐☐☐
⑦ ハ メ ネ コ サ → ☐☐ ☐☐☐
⑧ ク イ バ カ ラ → ☐☐ ☐☐☐
⑨ ム ゴ キ ニ ビ → ☐☐ ☐☐☐
⑩ テ モ ニ ス モ → ☐☐ ☐☐☐

2つの言葉

次の文字を2文字と3文字に分けてください。

① コラリック ➡

② ダキスンジ ➡

③ ガニメラネ ➡

④ ムケシアシ ➡

⑤ ソトナミバ ➡

⑥ シツラウラ ➡

⑦ ズユツルワ ➡

⑧ コホネルタ ➡

⑨ ギハヤトナ ➡

⑩ カカルキタ ➡

2つの言葉

2文字＋3文字編—6

2つの言葉

2つの言葉　2文字＋3文字編—7

次の文字を2文字と3文字に分けてください。

① ユコナリメ ➡ □□　□□□
② バイコヨツ ➡ □□　□□□
③ シラクハゲ ➡ □□　□□□
④ グエタノツ ➡ □□　□□□
⑤ ヒタシムナ ➡ □□　□□□
⑥ メウカヤン ➡ □□　□□□
⑦ バボシウサ ➡ □□　□□□
⑧ ダヒマゲル ➡ □□　□□□
⑨ バタミロタ ➡ □□　□□□
⑩ カワメツメ ➡ □□　□□□

２つの言葉

> 次の文字を２文字と３文字に分けてください。

２つの言葉

2文字＋**3**文字編 ― 8

① オカマウツ ➡

② ダイヌカカ ➡

③ ズツナスメ ➡

④ リトデース ➡

⑤ シラゴホク ➡

⑥ コビシワカ ➡

⑦ アアゴナメ ➡

⑧ エジクニボ ➡

⑨ デカンオメ ➡

⑩ コトタトマ ➡

79

2つの言葉

2つの言葉 2文字＋4文字編—1

次の文字を2文字と4文字に分けてください。

① モヤマキゴイ →
② コキアヒユウ →
③ マイマシウヌ →
④ カボンアゼメ →
⑤ レヌメギヨヌ →
⑥ シデハャスン →
⑦ ラモンレクン →
⑧ パーシトソカ →
⑨ ロサシックポ →
⑩ テロイクブセ →

2つの言葉

次の文字を2文字と4文字に分けてください。

① ウナュシキヤ ➡ ☐☐ ☐☐☐☐
② ルコザシバソ ➡ ☐☐ ☐☐☐☐
③ ツビケマユタ ➡ ☐☐ ☐☐☐☐
④ アコジケタノ ➡ ☐☐ ☐☐☐☐
⑤ コカマムボチ ➡ ☐☐ ☐☐☐☐
⑥ ラスンジフフ ➡ ☐☐ ☐☐☐☐
⑦ レクドギコー ➡ ☐☐ ☐☐☐☐
⑧ クツスナカッ ➡ ☐☐ ☐☐☐☐
⑨ シワウボタメ ➡ ☐☐ ☐☐☐☐
⑩ ムケシウゴソ ➡ ☐☐ ☐☐☐☐

2つの言葉　2文字+4文字編—2

２つの言葉

２つの言葉　２文字＋４文字編―３

次の文字を２文字と４文字に分けてください。

① テ｜ウ｜ン｜サ｜ボ｜タ　➡ □□　□□□□

② ド｜フ｜オ｜シ｜ニ｜ン　➡ □□　□□□□

③ ツ｜マ｜キ｜キ｜ス｜ヤ　➡ □□　□□□□

④ ム｜メ｜エ｜ダ｜マ｜ハ　➡ □□　□□□□

⑤ キ｜サ｜バ｜ソ｜イ｜ヤ　➡ □□　□□□□

⑥ リ｜タ｜ヘ｜キ｜ク｜ソ　➡ □□　□□□□

⑦ サ｜ネ｜ト｜イ｜ク｜タ　➡ □□　□□□□

⑧ ザ｜セ｜ギ｜ウ｜ョ｜ア　➡ □□　□□□□

⑨ イ｜シ｜シ｜ノ｜ノ｜シ　➡ □□　□□□□

⑩ コ｜ン｜メ｜ラ｜ト｜ー　➡ □□　□□□□

次の文字を2文字と4文字に分けてください。

① リスマッドパ ➡ ☐☐ ☐☐☐☐
② ロッコバケス ➡ ☐☐ ☐☐☐☐
③ スブイグウリ ➡ ☐☐ ☐☐☐☐
④ イリキトギス ➡ ☐☐ ☐☐☐☐
⑤ ボズチカスャ ➡ ☐☐ ☐☐☐☐
⑥ コネダンイイ ➡ ☐☐ ☐☐☐☐
⑦ ニハロマナカ ➡ ☐☐ ☐☐☐☐
⑧ ツハヒミチレ ➡ ☐☐ ☐☐☐☐
⑨ ナオクジビメ ➡ ☐☐ ☐☐☐☐
⑩ カギケサラオ ➡ ☐☐ ☐☐☐☐

2つの言葉

2つの言葉　2文字＋4文字編―5

次の文字を2文字と4文字に分けてください。

① マヒリリワマ　→　□□　□□□□
② リイワモトニ　→　□□　□□□□
③ スムラマイサ　→　□□　□□□□
④ リアメトカリ　→　□□　□□□□
⑤ リュモウカキ　→　□□　□□□□
⑥ スツボナエー　→　□□　□□□□
⑦ ボシケロドウ　→　□□　□□□□
⑧ メソンハウル　→　□□　□□□□
⑨ イカゲジシャ　→　□□　□□□□
⑩ プナロツンエ　→　□□　□□□□

2つの言葉

次の文字を2文字と4文字に分けてください。

① タコデネナシ →
② ハンキパルマ →
③ バンレコチン →
④ スラソグメリ →
⑤ トマヤアリゴ →
⑥ ワトッウナシ →
⑦ ブサラケハシ →
⑧ マピサンケー →
⑨ ポメタポモン →
⑩ カサンミザナ →

2つの言葉　2文字＋4文字編—6

2つの言葉

2つの言葉

2文字＋4文字編―7

次の文字を2文字と4文字に分けてください。

① ハジクチャク ➡

② パフオッカナ ➡

③ クミズンペミ ➡

④ シマオシノイ ➡

⑤ ジポブハスン ➡

⑥ イスクンラセ ➡

⑦ コミネクトロ ➡

⑧ ナリパハナノ ➡

⑨ キミトミヤリ ➡

⑩ リガラクウン ➡

86

2つの言葉

次の文字を2文字と4文字に分けてください。

① ラクズスモン → □□ □□□□
② プンテサラカ → □□ □□□□
③ ムエウチトチ → □□ □□□□
④ カオベイラン → □□ □□□□
⑤ ロネフシヒマ → □□ □□□□
⑥ カンオツケト → □□ □□□□
⑦ ヒコセーリー → □□ □□□□
⑧ メメコンウイ → □□ □□□□
⑨ ミンドノウリ → □□ □□□□
⑩ テチスーモキ → □□ □□□□

2つの言葉　2文字＋4文字編―8

2つの言葉

3文字＋3文字編―1

次の文字を3文字ずつに分けてください。

① スンポトイコ → ☐☐☐ ☐☐☐
② シミエンカデ → ☐☐☐ ☐☐☐
③ タボキンハズ → ☐☐☐ ☐☐☐
④ ズルルパーシ → ☐☐☐ ☐☐☐
⑤ デヒザロトク → ☐☐☐ ☐☐☐
⑥ ワエンビラカ → ☐☐☐ ☐☐☐
⑦ ウマソホテウ → ☐☐☐ ☐☐☐
⑧ ビキシタチラ → ☐☐☐ ☐☐☐
⑨ ブイサカキフ → ☐☐☐ ☐☐☐
⑩ ロナントセル → ☐☐☐ ☐☐☐

2つの言葉

次の文字を3文字ずつに分けてください。

2つの言葉　3文字＋3文字編―2

① シマレーカム ➡ □□□ □□□
② リバクプイン ➡ □□□ □□□
③ キンレカネズ ➡ □□□ □□□
④ ザーンギノト ➡ □□□ □□□
⑤ タクサルイリ ➡ □□□ □□□
⑥ チデオコワウ ➡ □□□ □□□
⑦ ツキテパンン ➡ □□□ □□□
⑧ ナフウタカモ ➡ □□□ □□□
⑨ ジハマンカチ ➡ □□□ □□□
⑩ バンイツクサ ➡ □□□ □□□

2つの言葉

3文字＋3文字編―3

次の文字を3文字ずつに分けてください。

① ルボウーユヒ → ☐☐☐ ☐☐☐

② シバレリャー → ☐☐☐ ☐☐☐

③ クチシオバズ → ☐☐☐ ☐☐☐

④ メマンコブン → ☐☐☐ ☐☐☐

⑤ ジウリシュミ → ☐☐☐ ☐☐☐

⑥ ラサペンクモ → ☐☐☐ ☐☐☐

⑦ ツクカトゲシ → ☐☐☐ ☐☐☐

⑧ ツンケジヒカ → ☐☐☐ ☐☐☐

⑨ キハアリサガ → ☐☐☐ ☐☐☐

⑩ クバアコタビ → ☐☐☐ ☐☐☐

2つの言葉

次の文字を3文字ずつに分けてください。

①

②

③

④

⑤

⑥

⑦

⑧

⑨

⑩

2つの言葉 3文字+3文字編——4

2つの言葉

2つの言葉 **3**文字+**3**文字編—5

次の文字を3文字ずつに分けてください。

① シイカウルル ➡ ☐☐☐ ☐☐☐
② ガロセイエビ ➡ ☐☐☐ ☐☐☐
③ ヒバウタリエ ➡ ☐☐☐ ☐☐☐
④ ナイオラキビ ➡ ☐☐☐ ☐☐☐
⑤ ラゴシロジム ➡ ☐☐☐ ☐☐☐
⑥ ジモクカキジ ➡ ☐☐☐ ☐☐☐
⑦ ラヤガスゴナ ➡ ☐☐☐ ☐☐☐
⑧ ペャチチシン ➡ ☐☐☐ ☐☐☐
⑨ プミーラロイ ➡ ☐☐☐ ☐☐☐
⑩ ルルタマジバ ➡ ☐☐☐ ☐☐☐

2つの言葉

次の文字を3文字ずつに分けてください。

2つの言葉 3文字＋3文字編—6

① リクヌスタキ ➡ □□□ □□□
② ステルプホー ➡ □□□ □□□
③ シャシポッキ ➡ □□□ □□□
④ ワクタシハイ ➡ □□□ □□□
⑤ カスタカトキ ➡ □□□ □□□
⑥ ルキアミイウ ➡ □□□ □□□
⑦ ゼーウイリガ ➡ □□□ □□□
⑧ オリンキデコ ➡ □□□ □□□
⑨ ジマカドョー ➡ □□□ □□□
⑩ チンナサダカ ➡ □□□ □□□

2つの言葉

3文字+3文字編―7

次の文字を3文字ずつに分けてください。

① チバワタクッ →
② ナンダコパマ →
③ ラーアブゲム →
④ キテカーサプ →
⑤ ブクカスマト →
⑥ シサナミミラ →
⑦ タナイイゴラ →
⑧ コンチシニク →
⑨ キタリブイシ →
⑩ モゴンシサン →

2つの言葉

次の文字を3文字ずつに分けてください。

① ラジハナクビ → □□□ □□□
② スカユネラリ → □□□ □□□
③ ズミマギチキ → □□□ □□□
④ モカクメサバ → □□□ □□□
⑤ オチカミガセ → □□□ □□□
⑥ ノコンキロモ → □□□ □□□
⑦ ニボオンッキ → □□□ □□□
⑧ ツヨシミヒズ → □□□ □□□
⑨ シナリオマコ → □□□ □□□
⑩ リネキロイマ → □□□ □□□

2つの言葉 3文字+3文字編—8

解答

答えはここに掲載した言葉のみとは限りません。

2つの言葉②文字＋③文字編─解答

2文字＋3文字編─1

① ラネラバム ➡ バラ｜ラムネ
② ロシンメス ➡ スシ｜メロン
③ ニバツワメ ➡ ワニ｜ツバメ
④ ユゴマメタ ➡ ユメ｜タマゴ
⑤ キツラダサ ➡ ツキ｜サラダ
⑥ ナタバゲナ ➡ ゲタ｜バナナ
⑦ ラモレント ➡ トラ｜レモン
⑧ ズネーチギ ➡ ネギ｜チーズ
⑨ ラオミジウ ➡ ウミ｜ラジオ
⑩ カヘチイマ ➡ イカ｜ヘチマ

2文字＋3文字編─2

① ギウタサカ ➡ タカ｜ウサギ
② ミナミズス ➡ ナス｜ミミズ
③ フイグヤサ ➡ フグ｜ヤサイ
④ アニウノピ ➡ ウニ｜ピアノ
⑤ ゾトイウケ ➡ ゾウ｜トケイ
⑥ ニヒコカヨ ➡ カニ｜ヒヨコ
⑦ クギヤマラ ➡ ヤギ｜マクラ
⑧ ラヒアワル ➡ ワラ｜アヒル
⑨ ズエネミビ ➡ エビ｜ネズミ
⑩ ヨッキトフ ➡ フキ｜ヨット

2文字＋3文字編─3

① クリキキン ➡ キク｜キリン
② スミセソン ➡ ミソ｜センス
③ キキコユノ ➡ ユキ｜キノコ
④ リスゴンミ ➡ スミ｜リンゴ
⑤ トボイター ➡ タイ｜ボート
⑥ ドコツタノ ➡ ノド｜コタツ
⑦ ワグマビロ ➡ ビワ｜マグロ
⑧ スカイトイ ➡ イト｜スイカ
⑨ ウタサナビ ➡ タビ｜サウナ
⑩ トルンサシ ➡ サル｜ヒント

2文字＋3文字編─4

① ザルビビー ➡ ヒザ｜ビール
② ルビカツン ➡ ツル｜カビン
③ ビサマワコ ➡ コマ｜ワサビ
④ チヘゴイソ ➡ ヘソ｜イチゴ
⑤ コワビユケ ➡ コケ｜ユビワ
⑥ ブカスキス ➡ カブ｜ススキ
⑦ マアコダリ ➡ アリ｜コダマ
⑧ クギムイマ ➡ ムギ｜マイク
⑨ ムホデネカ ➡ ホネ｜ムカデ
⑩ リテビノレ ➡ ノリ｜テレビ

2文字＋3文字編—5

① クハマチマ ➡ クマ ハマチ
② カタミラン ➡ タラ ミカン
③ ウブメマド ➡ マメ ブドウ
④ ガセレンミ ➡ セミ レンガ
⑤ ドジツツア ➡ ドア ツツジ
⑥ リミハナダ ➡ ハリ ナミダ
⑦ ハメネコサ ➡ サメ ハコネ
⑧ クイバカラ ➡ カバ イクラ
⑨ ムゴキニビ ➡ ゴム ニキビ
⑩ テモニスモ ➡ モモ テニス

2文字＋3文字編—7

① ユコナリメ ➡ ユリ ナメコ
② バイコヨツ ➡ コイ ヨッバ
③ シラクハゲ ➡ ハシ クラゲ
④ グエタノツ ➡ タツ エノグ
⑤ ヒタシムナ ➡ ムシ ヒナタ
⑥ メウカヤン ➡ ウメ ヤカン
⑦ バボシウサ ➡ サバ ボウシ
⑧ ダヒマゲル ➡ ヒゲ ダルマ
⑨ バタミロタ ➡ ロバ タタミ
⑩ カワメツメ ➡ ツメ ワカメ

2文字＋3文字編—6

① コラリック ➡ クリ ラッコ
② ダキスンジ ➡ キジ ダンス
③ ガニメラネ ➡ ニラ メガネ
④ ムケシアシ ➡ アシ ケムシ
⑤ ソトナミバ ➡ ソバ ミナト
⑥ シツラウラ ➡ ウシ ツララ
⑦ ズユツルワ ➡ ユズ ワルツ
⑧ コホネルタ ➡ ネコ ホタル
⑨ ギハヤトナ ➡ ハト ヤナギ
⑩ カカルキタ ➡ カキ カルタ

2文字＋3文字編—8

① オカマウツ ➡ ウマ カツオ
② ダイヌカカ ➡ ヌカ イカダ
③ ズツナスメ ➡ ナツ スズメ
④ リトデース ➡ リス デート
⑤ シラゴホク ➡ ホシ ラクゴ
⑥ コビシワカ ➡ シカ ビワコ
⑦ アアゴナメ ➡ アメ アナゴ
⑧ エジクニボ ➡ ニジ エクボ
⑨ デカンオメ ➡ カメ オデン
⑩ コトタトマ ➡ タコ トマト

解答

答えはここに掲載した言葉のみとは限りません。

２文字＋４文字編―1

① モヤマキゴイ → ゴマ ヤキイモ
② コキアヒュウ → アユ ヒコウキ
③ マイマシウヌ → イヌ シマウマ
④ カボンアゼメ → カゼ アメンボ
⑤ レヌメギョヌ → ヨメ ヌレギヌ
⑥ シデハャスン → ハス デンシャ
⑦ ラモンレクン → ラン モクレン
⑧ パーシトソカ → シソ パトカー
⑨ ロサシックポ → クシ サッポロ
⑩ テロイクブセ → イセ テブクロ

２文字＋４文字編―2

① ウナュシキヤ → ナシ ヤキュウ
② ルコザシバソ → コシ ザルソバ
③ ツビケマユタ → ユビ マツタケ
④ アコジケタノ → アジ タケノコ
⑤ コカマムボチ → ムチ カマボコ
⑥ ラスンジフフ → フジ フランス
⑦ レクドギコー → クギ レコード
⑧ クツスナカッ → カツ スナック
⑨ シワウボタメ → ワタ ウメボシ
⑩ ムケシウゴソ → ウソ ケシゴム

２文字＋４文字編―3

① テウンサボタ → ウタ サボテン
② ドフオシニン → オニ フンドシ
③ ツマキキスヤ → マツ スキヤキ
④ ムメエダマハ → ハム エダマメ
⑤ キサバソイヤ → サイ ヤキンソバ
⑥ リタヘキクソ → タキ ヘンクリ
⑦ サネトイクタ → トサ ネクタイ
⑧ ザセギウョア → アセ ギョウザ
⑨ イシシノノシ → ノシ イノシシ
⑩ コンメラトー → コト ラーメン

２文字＋４文字編―4

① リスマッドパ → マド スリッパ
② ロッコバケス → バス コロッケ
③ スブイグウリ → ブリ ウグイス
④ イリキトギス → トキ イギリス
⑤ ボズチカスャ → スズ カボチャ
⑥ コネダンイイ → イネ ダイコン
⑦ ニハロマナカ → ハナ マカロニ
⑧ ツハヒミチレ → ヒレ ハチミツ
⑨ ナオクジビメ → オビ ナメクジ
⑩ カギケサラオ → サギ カラオケ

2文字＋4文字編—5

① マヒリリワマ ➡ マリ ヒマワリ
② リイワモトニ ➡ イモ ニワトリ
③ スムラマイサ ➡ マス サムライ
④ リアメトカリ ➡ トリ アメリカ
⑤ リュモウカキ ➡ カモ キュウリ
⑥ スツボナエー ➡ ツエ ボーナス
⑦ ボシケロドウ ➡ ケシ ドロボウ
⑧ メソンハウル ➡ ハル ソウメン
⑨ イカゲジシャ ➡ カジ ゲイシャ
⑩ プナロツンエ ➡ ツナ エプロン

2文字＋4文字編—7

① ハジクチャク ➡ ハチ クジャク
② パフオッカナ ➡ フナ オカッパ
③ クミズンペミ ➡ ペン ミミズク
④ シマオシノイ ➡ オノ シシマイ
⑤ ジポブハスン ➡ ハブ スポンジ
⑥ イスクンラセ ➡ クラ スイセン
⑦ コミネクトロ ➡ ミト クロネコ
⑧ ナリパハナノ ➡ パリ ナノハナ
⑨ キミトミヤリ ➡ ミミ ヤキトリ
⑩ リガラクウン ➡ ウリ ラクガン

2文字＋4文字編—6

① タコデネナシ ➡ タネ ナデシコ
② ハンキパルマ ➡ パン ハルマキ
③ バンレコチン ➡ チバ レンコン
④ スラソグメリ ➡ ソラ メグスリ
⑤ トマヤアリゴ ➡ マゴ アヤトリ
⑥ ワトッウナシ ➡ ワシ ナットウ
⑦ ブサラケハシ ➡ サケ ハブラシ
⑧ マピサンケー ➡ ケサ ピーマン
⑨ ポメタポモン ➡ メモ タンポポ
⑩ カサンミザナ ➡ ナミ サザンカ

2文字＋4文字編—8

① ラクズスモン ➡ クモ スズラン
② プンテサラカ ➡ カサ テンプラ
③ ムエウチトチ ➡ エト ムチウチ
④ カオベイラン ➡ カベ ライオン
⑤ ロネフシヒマ ➡ フネ ヒロシマ
⑥ カンオツケト ➡ オケ トンカツ
⑦ ヒコセーリー ➡ セリ コーヒー
⑧ メメコンウイ ➡ コメ ウンメイ
⑨ ミンドノウリ ➡ ノミ リンドウ
⑩ テチスーモキ ➡ モチ ステーキ

答えはここに掲載した言葉のみとは限りません。

2つの言葉 3文字＋3文字編 解答

3文字＋3文字編―1

① スンポトイコ ➡ ポスト インコ
② シミエンカデ ➡ カエデ ミシン
③ タボキンハズ ➡ ズボン ハタキ
④ ズルルパーシ ➡ パズル シール
⑤ デヒザロトク ➡ ザクロ ヒトデ
⑥ ワエンビラカ ➡ ワラビ エンカ
⑦ ウマソホテウ ➡ テソウ マホウ
⑧ ビキシタチラ ➡ タキビ チラシ
⑨ ブイサカキフ ➡ サイフ カブキ
⑩ ロナントセル ➡ ナルト センロ

3文字＋3文字編―2

① シマレーカム ➡ カレー マムシ
② リバクプイン ➡ バイク プリン
③ キンレカネズ ➡ レンズ カキネ
④ ザーンギノト ➡ ギンザ ノート
⑤ タクサルイリ ➡ タイル クサリ
⑥ チデオコワウ ➡ ウチワ オデコ
⑦ ツキテパンン ➡ テンキ パンツ
⑧ ナフウタカモ ➡ カタナ モウフ
⑨ ジハマンカチ ➡ ハマチ ジカン
⑩ バンイツクサ ➡ インク ツバサ

3文字＋3文字編―3

① ルボウーユヒ ➡ ユウヒ ボール
② シバレリャー ➡ リレー バシャ
③ クチシオバズ ➡ シズク オチバ
④ メマンコブン ➡ コンブ メンマ
⑤ ジウリシュミ ➡ リュウ シジミ
⑥ ラサペンクモ ➡ サクラ モンペ
⑦ ツクカトゲシ ➡ ツクシ トカゲ
⑧ ツンケジヒカ ➡ ヒツジ ケンカ
⑨ キハアリサガ ➡ アサリ ハガキ
⑩ クバアコタビ ➡ タバコ アクビ

3文字＋3文字編―4

① シカララヒメ ➡ ヒラメ カラシ
② ガパマンッハ ➡ マンガ ハッパ
③ マフナライク ➡ ナイフ マクラ
④ ドタンネタミ ➡ タタミ ネンド
⑤ ナビアゲワワ ➡ ワナゲ アワビ
⑥ クカナセマデ ➡ クマデ セナカ
⑦ ナサウミシギ ➡ サシミ ウナギ
⑧ スモーレジミ ➡ レース モミジ
⑨ ダポロトッン ➡ ポット ダンロ
⑩ アエーギロタ ➡ ギター アロエ

3文字＋3文字編—5

① シイカウルル ➡ イルカ ウルシ
② ガロセイエビ ➡ エイガ セビロ
③ ヒバウタリエ ➡ ヒバリ タウエ
④ ナイオラキビ ➡ イビキ オナラ
⑤ ラゴシロジム ➡ ゴジラ ムシロ
⑥ ジモクカキジ ➡ モクジ カジキ
⑦ ラヤガスゴナ ➡ ガラス ナゴヤ
⑧ ペャチチシン ➡ シャチ ペンチ
⑨ プミーラロイ ➡ ミイラ ロープ
⑩ ルルタマジバ ➡ マルタ ジルバ

3文字＋3文字編—7

① チバワタクッ ➡ バッタ チクワ
② ナンダコパマ ➡ パンダ ナマコ
③ ラーアブゲム ➡ アブラ ゲーム
④ キテカーサプ ➡ テープ サカキ
⑤ ブクカスマト ➡ カブト マスク
⑥ シサナミミラ ➡ ミナミ サラシ
⑦ タナイイゴラ ➡ イナゴ タライ
⑧ コンチシニク ➡ ニシン チコク
⑨ キタリブイシ ➡ ブタイ リキシ
⑩ モゴンシサン ➡ シモン サンゴ

3文字＋3文字編—6

① リクヌスタキ ➡ クスリ タヌキ
② ステルプボー ➡ ホテル スープ
③ シャシポッキ ➡ シッポ キシャ
④ ワクタシハイ ➡ ハイク タワシ
⑤ カスタカトキ ➡ タスキ カカト
⑥ ルキアミイウ ➡ キウイ アルミ
⑦ ゼーウイリガ ➡ ゼリー ウガイ
⑧ オリンキデコ ➡ コオリ デンキ
⑨ ジマカドョー ➡ カード マジョ
⑩ チンナサダカ ➡ ダンチ サカナ

3文字＋3文字編—8

① ラジハナクビ ➡ ハナビ クジラ
② スカユネラリ ➡ カラス ユリネ
③ ズミマギチキ ➡ チマキ ミズギ
④ モカクメサバ ➡ カモメ サバク
⑤ オチカミガセ ➡ カガミ オセチ
⑥ ノコンキロモ ➡ コンロ キモノ
⑦ ニボオンッキ ➡ オボン ニッキ
⑧ ツヨシミヒズ ➡ ヒミツ ヨシズ
⑨ シナリオマコ ➡ シオリ ナマコ
⑩ リネキロイマ ➡ イロリ ネマキ

2つの言葉 3 文字＋3 文字編—解答

空欄を埋めながら、声に出して歌ってみましょう。

『東京だよおっ母さん』

作詞・野村 俊夫 ／ 作曲・船村 徹

1
久しぶりに　　手を引いて
　①　で歩ける　　うれしさに
小さい頃が　　浮かんできますよ
おっ母さん
ここが　　ここが　②
記念の　③　を　　とりましょね

2
やさしかった　　兄さんが
田舎の話を　　聞きたいと
桜の下で　　さぞかし待つだろ
おっ母さん
あれが　　あれが　　九段坂
逢ったら泣くでしょ　　兄さんも

【空欄の解答】① 銀座　② 二重橋　③ 写真

4

同じ文字が入ります

同じ文字

各問題に同じ文字を入れ、言葉にしてください。

① チ□ト□

② □ナバ□

③ ペ□ギ□

④ オ□□メ

⑤ □□カミ

⑥ □□ャモ

⑦ □キガ□

⑧ ワガ□□

⑨ ム□□ビ

⑩ □ン□ツ

⑪ □ツア□

⑫ □□ノヒ

⑬ ア□パ□

⑭ □ツツ□

⑮ □□ゼキ

⑯ セ□カ□

104

同じ文字

各問題に同じ文字を入れ、言葉にしてください。

同じ文字

4 文字編―2

① シ□ウ□

② □ハビ□

③ □モシ□

④ レ□コ□

⑤ □パイ□

⑥ ス□ヤ□

⑦ □□ズク

⑧ □カ□マ

⑨ □□マイ

⑩ ウ□ハ□

⑪ カ□□ギ

⑫ □シ□ト

⑬ ハ□ペ□

⑭ コ□モ□

⑮ ア□□リ

⑯ □ムギ□

105

同じ文字

同じ文字 ④ 文字編—3

各問題に同じ文字を入れ、言葉にしてください。

① □イロ□
② □ズウ□
③ フト□□
④ シ□ト□
⑤ ニ□ジ□
⑥ ケ□ア□
⑦ □□サカ
⑧ □ク□ツ
⑨ □ノハ□
⑩ ア□□ブ
⑪ □メ□キ
⑫ □□ュウ
⑬ □□トウ
⑭ ネコ□□
⑮ □ジャ□
⑯ オ□ウ□

同じ文字

各問題に同じ文字を入れ、言葉にしてください。

同じ文字

4 文字編—4

① □タ□ナ

② オ□□イ

③ タン□□

④ □ン□イ

⑤ ゴ□ラ□

⑥ □□□ク

⑦ □ン□キ

⑧ □ツ□ゲ

⑨ ア□ク□

⑩ カ□テ□

⑪ □シ□キ

⑫ タ□□ト

⑬ ツ□ボ□

⑭ □□□ジ

⑮ ウ□□ネ

⑯ □ギ□□

107

同じ文字

各問題に同じ文字を入れ、言葉にしてください。

① □ラ□ープ

② イソ□ロ□

③ レ□トゲ□

④ □ンブン□

⑤ □カ□オリ

⑥ □□ナズケ

⑦ イ□□ンボ

⑧ キ□ギ□ス

⑨ □チコ□キ

⑩ □ノビア□

⑪ オ□ゴー□

⑫ □□ハライ

⑬ □ル□ドシ

⑭ □ダマ□シ

⑮ キ□セ□カ

⑯ □ダレガ□

108

同じ文字

各問題に同じ文字を入れ、言葉にしてください。

① □ョウ□ン

② □モガ□レ

③ タ□ラヅ□

④ □ソガシ□

⑤ ホ□□ギス

⑥ □□ミソカ

⑦ □リチ□ミ

⑧ □モバ□ラ

⑨ ヒ□□ッコ

⑩ ヌ□グス□

⑪ チ□ド□ヤ

⑫ □テンブ□

⑬ □ガ□サン

⑭ □ケマ□ゲ

⑮ モ□チョ□

⑯ グ□マケ□

同じ文字

5 文字編—2

109

同じ文字

各問題に同じ文字を入れ、言葉にしてください。

① ナ□タ□ゴ

② □ザエ□ン

③ □イア□リ

④ シャ□ヤ□

⑤ □イク□キ

⑥ □メ□ガリ

⑦ ジエ□タ□

⑧ □ール□ン

⑨ マ□キ□コ

⑩ □シュ□ロ

⑪ □デズモ□

⑫ □ミ□クシ

⑬ ド□キュ□

⑭ ピ□ニッ□

⑮ □カラモ□

⑯ ジュ□ド□

同じ文字

各問題に同じ文字を入れ、言葉にしてください。

① ゴヨウ□□

② ロ□ロ□ビ

③ □□ンゾク

④ マント□□

⑤ ツツ□ガ□

⑥ カ□□□キ

⑦ □□ニシキ

⑧ □ナジュ□

⑨ ホ□チョ□

⑩ コ□セ□ト

⑪ ポ□トガ□

⑫ クリ□マ□

⑬ ア□コー□

⑭ □□□リン

⑮ □ロウ□シ

⑯ □□オド□

同じ文字

5 文字編—4

111

同じ文字

各問題に同じ文字を入れ、言葉にしてください。

① ム□ノ□ラセ

② □チュ□ジン

③ セトナ□カ□

④ シ□カ□セ□

⑤ □ランペッ□

⑥ □□クサガユ

⑦ シ□ロモ□ロ

⑧ シ□セ□グミ

⑨ オヤ□ウ□ウ

⑩ □シヤキ□モ

⑪ □ンケイ□ツ

⑫ □ガ□チュウ

⑬ シ□ブシ□ブ

⑭ セ□メ□セン

⑮ フ□□カモノ

⑯ ヘ□トウセ□

同じ文字

各問題に同じ文字を入れ、言葉にしてください。

① ヒメ□□ョウ

② コ□ヤド□フ

③ コシ□ン□ン

④ □ナ□ハルオ

⑤ ヨ□□ュクゴ

⑥ ホ□レンソ□

⑦ □ノチビロ□

⑧ □イモノ□ゴ

⑨ ムカ□バナ□

⑩ □ョウドナ□

⑪ □ン□コマイ

⑫ カ□ラ□シャ

⑬ ノ□ハン□ウ

⑭ タ□オンケ□

⑮ □ン□ンクド

⑯ □ウ□ウシイ

同じ文字

6 文字編—2

113

同じ文字

各問題に同じ文字を入れ、言葉にしてください。

① □ミ□フウフ

② ダ□ナマ□ト

③ □ン□イトリ

④ □□ッカシイ

⑤ イ□カバ□カ

⑥ ギ□コウイ□

⑦ カ□ヘ□タ□

⑧ ネ□□ニ□ズ

⑨ □ウキョウ□

⑩ ア□ゼ□ピ□

⑪ □ハシ□チャ

⑫ □□ッピロイ

⑬ キ□ウシ□ウ

⑭ ツツ□ラ□ラ

⑮ □オ□サオ□

⑯ □□アデン□

114

答えはここに掲載した言葉のみとは限りません。　**解 答**

同じ文字４文字編―**解答**

４文字編―1

① チリトリ
② タナバタ
③ ペンギン
④ オススメ
⑤ オオカミ
⑥ シシャモ
⑦ イキガイ
⑧ ワガママ
⑨ ムササビ
⑩ ケンケツ
⑪ ミツアミ
⑫ ハハノヒ
⑬ アンパン
⑭ キツツキ
⑮ オオゼキ
⑯ セイカイ

４文字編―2

① シマウマ
② リハビリ
③ カモシカ
④ レンコン
⑤ スパイス
⑥ スキヤキ
⑦ ミミズク
⑧ サカサマ
⑨ シシマイ
⑩ ウラハラ
⑪ カササギ
⑫ アシアト
⑬ ハンペン
⑭ コスモス
⑮ アトトリ
⑯ コムギコ

４文字編―3

① ウイロウ
② ミズウミ
③ フトモモ
④ シリトリ
⑤ ニンジン
⑥ ケツアツ
⑦ オオサカ
⑧ ハクハツ
⑨ ナノハナ
⑩ アカカブ
⑪ マメマキ
⑫ シシュウ
⑬ シシトウ
⑭ ネコババ
⑮ クジャク
⑯ オトウト

４文字編―4

① カタカナ
② オトトイ
③ タンポポ
④ センセイ
⑤ ゴクラク
⑥ オオオク
⑦ テンテキ
⑧ アツアゲ
⑨ アサクサ
⑩ カンテン
⑪ オシオキ
⑫ タビビト
⑬ ツリボリ
⑭ ゴゴゴジ
⑮ ウタタネ
⑯ ミギミミ

115

解 答

答えはここに掲載した言葉のみとは限りません。

5 文字編—1

① フラフープ　⑨ マチコマキ
② イソウロウ　⑩ シノビアシ
③ レントゲン　⑪ オルゴール
④ シンブンシ　⑫ ススハライ
⑤ ナカナオリ　⑬ ウルウドシ
⑥ イイナズケ　⑭ サダマサシ
⑦ イトトンボ　⑮ キンセンカ
⑧ キリギリス　⑯ ミダレガミ

5 文字編—2

① チョウチン　⑨ ヒヤヤッコ
② クモガクレ　⑩ ヌリグスリ
③ タカラヅカ　⑪ チンドンヤ
④ イソガシイ　⑫ ロテンブロ
⑤ ホトトギス　⑬ ジガジサン
⑥ オオミソカ　⑭ ツケマツゲ
⑦ エリチエミ　⑮ モウチョウ
⑧ シモバシラ　⑯ グンマケン

5 文字編—3

① ナマタマゴ　⑨ マネキネコ
② サザエサン　⑩ マシュマロ
③ タイアタリ　⑪ ウデズモウ
④ シャクヤク　⑫ カミカクシ
⑤ マイクマキ　⑬ ドラキュラ
⑥ アメアガリ　⑭ ピクニック
⑦ ジエイタイ　⑮ チカラモチ
⑧ ビールビン　⑯ ジュウドウ

5 文字編—4

① ゴヨウキキ　⑨ ホウチョウ
② ロクロクビ　⑩ コンセント
③ キキンゾク　⑪ ポルトガル
④ マントヒヒ　⑫ クリスマス
⑤ ツツミガミ　⑬ アルコール
⑥ カタタタキ　⑭ キキキリン
⑦ ササニシキ　⑮ フロウフシ
⑧ ウナジュウ　⑯ シシオドシ

同じ文字 6 文字編―解答

6 文字編―1

① ムシノシラセ
② ウチュウジン
③ セトナイカイ
④ シンカンセン
⑤ トランペット
⑥ ナナクサガユ
⑦ シドロモドロ
⑧ シンセングミ
⑨ オヤコウコウ
⑩ イシャキイモ
⑪ シンケイシツ
⑫ ムガムチュウ
⑬ シャブシャブ
⑭ セイメイセン
⑮ フツツカモノ
⑯ ヘントウセン

6 文字編―2

① ヒメジジョウ
② コウヤドウフ
③ コシタンタン
④ ミナミハルオ
⑤ ヨジジュクゴ
⑥ ホウレンソウ
⑦ イノチビロイ
⑧ カイモノカゴ
⑨ ムカシバナシ
⑩ リョウドナリ
⑪ テンテコマイ
⑫ カンランシャ
⑬ ノトハントウ
⑭ タイオンケイ
⑮ サンサンクド
⑯ ズウズウシイ

6 文字編―3

① ノミノフウフ
② ダイナマイト
③ サンサイトリ
④ ソソッカシイ
⑤ イチカバチカ
⑥ ギンコウイン
⑦ カイヘイタイ
⑧ ネミミニミズ
⑨ トウキョウト
⑩ アンゼンピン
⑪ ミハシミチャ
⑫ ダダッピロイ
⑬ キュウシュウ
⑭ ツツウラウラ
⑮ ウオウサオウ
⑯ カカアデンカ

空欄を埋めながら、声に出して歌ってみましょう。

『高校三年生』

作詞・丘 灯至夫／作曲・遠藤 実

1 赤い夕陽が 　　①　 をそめて
ニレの木陰に 　　弾む声
ああ　あああ 　　高校三年生 　　ぼくら
離れ離れに 　　なろうとも
クラス 　②　 は 　　いつまでも

2 泣いた日もある 　　怨んだことも
思い出すだろ 　　なつかしく
ああ　あああ 　　高校三年生 　　ぼくら
フォークダンスの 　　手をとれば
甘く匂うよ 　　黒髪が

【空欄の解答】① 校舎 ② 仲間

5

タテ・ヨコ・ナナメの 言葉探し

言葉探し

言葉探し―1　春のもの編

各方向からタテ・ヨコ・ナナメに並んでいる
「春」にまつわるものを探してください。
※3文字以上です。

タ	シ	カ	フ	ン	ショ	ウ	デ	ハ
ュ	オ	ド	ー	ヒ	ノ	モ	ド	コ	ニ
コ	グ	ツ	ク	シ	コ	ン	ヤ	ュ	ツ
ノ	モ	ノ	エ	ト	ョ	カ	ウ	ノ	ハ
ケ	ラ	ヌ	ユ	シ	マ	ガ	ー	シ	ナ
タ	ッ	ベ	ー	ポ	ク	ー	ツ	ヨ	ミ
ダ	ロ	ネ	ヤ	シ	イ	マ	コ	イ	ズ
ュ	ー	ス	キ	マ	キ	チ	ム	メ	キ
カ	ナ	オ	ハ	ナ	ミ	ー	ゴ	ソ	コ

1		6	
2		7	
3		8	
4		9	
5		10	

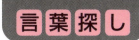

言葉探し―2　春のもの編

各方向からタテ・ヨコ・ナナメに並んでいる「春」にまつわるものを探してください。
※3文字以上です。

エ	ラ	ギ	ヤ	ヒ	ノ	ナ	ナ	ゴ	マ
オ	イ	ゴ	ナ	イ	ュ	カ	ハ	ー	ギ
サ	ダ	マ	ロ	タ	ン	ポ	ポ	ル	ン
ペ	ツ	プ	サ	ペ	サ	ッ	コ	デ	バ
リ	ゾ	ッ	ケ	ツ	マ	ゲ	タ	ン	チ
ナ	ア	リ	グ	コ	キ	シ	ウ	ウ	イ
ノ	ジ	ー	ツ	ョ	リ	バ	エ	ィ	ル
ハ	ツ	ュ	ハ	ハ	ノ	ヒ	レ	ー	ハ
ナ	ツ	チ	ス	ガ	コ	ン	マ	ク	ゴ

1		6	
2		7	
3		8	
4		9	
5		10	

言葉探し

言葉探し―3　夏のもの編

各方向からタテ・ヨコ・ナナメに並んでいる
「夏」にまつわるものを探してください。
※3文字以上です。

キ	ウ	プ	ン	セ	オ	ハ	カ	ウ	シ
シ	コ	ロ	モ	ウ	ト	イ	カ	ヤ	メ
タ	ソ	ュ	リ	イ	ス	ン	ト	ン	ダ
ワ	ス	ワ	ラ	イ	ク	ボ	リ	メ	モ
シ	マ	ン	ヨ	ア	マ	ン	セ	ウ	キ
ヒ	フ	ク	ン	ナ	シ	オ	ン	ソ	ン
エ	ョ	ウ	ツ	ジ	パ	ド	コ	サ	バ
ミ	カ	バ	ャ	ゲ	ャ	リ	ウ	マ	ョ
イ	テ	シ	ウ	ボ	ラ	ワ	ギ	ム	ラ

1		6	
2		7	
3		8	
4		9	
5		10	

言葉探し

各方向からタテ・ヨコ・ナナメに並んでいる
「夏」にまつわるものを探してください。
※3文字以上です。

言葉探し—4　夏のもの編

バ	エ	シ	リ	オ	ゴ	キ	カ	レ	ナ
ン	ニ	ズ	ア	サ	ガ	オ	ス	ツ	キ
リ	ラ	ュ	コ	チ	タ	デ	ヤ	イ	ハ
ワ	ム	ナ	ウ	カ	ョ	ス	ゴ	カ	ナ
カ	ケ	ギ	ス	ド	ミ	ロ	パ	ク	ビ
イ	ユ	ハ	チ	ノ	ウ	タ	マ	ゼ	タ
ス	ュ	ン	モ	ャ	オ	グ	ナ	ミ	イ
ミ	ビ	ア	ガ	ー	デ	ン	モ	コ	カ
キ	ャ	ン	プ	ピ	チ	ダ	ウ	ユ	イ

1		6	
2		7	
3		8	
4		9	
5		10	

言葉探し

言葉探し—5　秋のもの編

各方向からタテ・ヨコ・ナナメに並んでいる
「秋」にまつわるものを探してください。
※3文字以上です。

ス	ガ	ナ	サ	ツ	ラ	コ	ロ	セ	パ
ツ	モ	カ	イ	ン	ワ	フ	ウ	ン	ト
ジ	イ	ス	ホ	ド	マ	ン	モ	ワ	ラ
ュ	ビ	ワ	コ	キ	ド	モ	ト	コ	イ
ウ	ナ	フ	シ	ウ	ガ	イ	エ	オ	ネ
ゴ	ペ	ミ	カ	グ	ギ	マ	テ	リ	カ
ヤ	テ	イ	サ	ロ	モ	ツ	リ	ク	リ
ノ	ソ	オ	オ	セ	ト	サ	ニ	ウ	ユ
ア	フ	コ	ホ	ス	ナ	キ	ア	メ	ヒ

1		6	
2		7	
3		8	
4		9	
5		10	

言葉探し

言葉探し―6
秋のもの編

各方向からタテ・ヨコ・ナナメに並んでいる
「秋」にまつわるものを探してください。
※3文字以上です。

ピ	モ	デ	ー	リ	コ	ズ	マ	ダ	マ
キ	イ	デ	ガ	ハ	リ	ツ	ム	オ	チ
レ	ン	ジ	ョ	ロ	タ	ド	ン	グ	リ
ー	ミ	モ	ム	ケ	ヌ	キ	ポ	ョ	ア
モ	ュ	レ	ク	ナ	バ	ン	ガ	ヒ	カ
ボ	ン	ス	ノ	セ	ル	ス	ー	コ	ト
ラ	ナ	ミ	ゴ	シ	イ	ユ	ズ	ク	ン
エ	ン	イ	チ	ジ	ク	ロ	メ	ム	ボ
ラ	ギ	ユ	ダ	ウ	フ	イ	タ	ヤ	シ

1		6	
2		7	
3		8	
4		9	
5		10	

言葉探し

言葉探し―7

冬のもの編

各方向からタテ・ヨコ・ナナメに並んでいる
「冬」にまつわるものを探してください。
※3文字以上です。

ツ	タ	コ	ホ	ス	ノ	ボ	ト	ク	マ
オ	デ	モ	マ	ウ	ロ	イ	キ	ウ	コ
ド	ユ	ス	ダ	ク	テ	セ	シ	ン	ジ
コ	リ	キ	ブ	ナ	ク	オ	ン	イ	シ
ク	オ	テ	ガ	ロ	ラ	シ	ジ	カ	エ
ユ	ャ	ト	ジ	ッ	リ	ミ	イ	ン	マ
サ	フ	ア	シ	セ	セ	ュ	セ	ネ	ウ
ン	デ	ギ	ア	ダ	ラ	ン	ラ	ウ	ヌ
ミ	カ	ン	イ	ウ	マ	イ	ミ	ボ	ゼ

1		6	
2		7	
3		8	
4		9	
5		10	

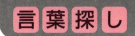

言葉探し—8 冬のもの編

各方向からタテ・ヨコ・ナナメに並んでいる「冬」にまつわるものを探してください。
※3文字以上です。

テ	ー	デ	サ	ブ	ル	ブ	ー	ト	ス
ス	ヨ	ヘ	ウ	ソ	ヒ	カ	セ	ポ	ワ
ジ	ゾ	ウ	ニ	モ	マ	ロ	ー	イ	ナ
ウ	ゴ	ト	ペ	ク	ツ	メ	ヒ	ン	メ
ソ	ナ	ア	ラ	シ	ス	ハ	ブ	ル	シ
オ	ハ	ソ	タ	ー	ミ	ツ	ビ	コ	ソ
オ	ー	ピ	レ	ツ	セ	ユ	フ	ガ	ギ
ゴ	ラ	バ	ソ	シ	コ	シ	ト	ラ	ワ
レ	ツ	バ	キ	エ	ゴ	ス	ヤ	シ	ソ

1		6	
2		7	
3		8	
4		9	
5		10	

127

解答

言葉探し―解答

1 ―春のもの編

タ	シ	カ	フ	ン	ショ	ウ	デ	ハ
ュ	オ	ド	ー	ヒ	ノ	モ	ド	コ
コ	グ	ツ	ク	シ	コ	ン	ヤ	ツ
ノ	モ	ノ	エ	ト	ョ	カ	ウ	ノ
ケ	ラ	ヌ	ユ	シ	マ	ガ	ー	シ
タ	ッ	ベ	ー	ポ	ク	ー	ツ	ナ
ダ	ロ	ネ	ヤ	シ	イ	マ	コ	ョ
ュ	ー	ス	キ	マ	キ	チ	ム	メ
カ	ナ	オ	ハ	ナ	ミ	ー	ゴ	ー

1	ソメイヨシノ	6	カフンショウ
2	コドモノヒ	7	オハナミ
3	ハナミズキ	8	タケノコ
4	ニュウガクシキ	9	イチゴ
5	ツクシ	10	カーネーション

3 ―夏のもの編

キ	ウ	ブ	ン	セ	オ	ハ	カ	ウ	シ
シ	コ	ロ	モ	ウ	ト	イ	カ	ヤ	メ
タ	ソ	ュ	リ	イ	ス	ン	ト	ン	ダ
ワ	ス	ワ	ラ	イ	ク	ボ	リ	メ	モ
シ	マ	ン	ョ	ア	マ	ン	セ	ウ	キ
ヒ	フ	ク	ン	ナ	シ	オ	ン	ソ	ン
エ	ョ	ウ	ツ	ジ	パ	ド	コ	サ	バ
ミ	カ	バ	ャ	ゲ	ャ	リ	ウ	マ	ョ
イ	デ	シ	ウ	ボ	ラ	ワ	ギ	ム	ラ

1	センプウキ	6	ソウメン
2	カイスイヨク	7	ボンオドリ
3	トウモロコシ	8	ナツバテ
4	ヒマワリ	9	キモダメシ
5	カトリセンコウ	10	ムギワラボウシ

2 ―春のもの編

エ	ラ	ギ	ヤ	ヒ	ノ	ナ	ナ	ゴ	マ
オ	イ	ゴ	ナ	ユ	カ	ハ	ー	ル	ギ
サ	ダ	マ	ロ	ッ	タ	ン	ポ	ポ	ル
ペ	ッ	プ	サ	ペ	サ	ッ	コ	デ	バ
リ	ゾ	ッ	ケ	ツ	マ	ゲ	タ	ン	チ
ナ	ア	リ	グ	コ	キ	シ	ウ	イ	ー
ノ	ジ	ー	ツ	ツ	ョ	リ	バ	エ	ル
ハ	ツ	ュ	ハ	ハ	ノ	ヒ	レ	ー	ハ
ナ	ツ	チ	ス	ガ	コ	ン	マ	ク	ゴ

1	ヒナマツリ	6	サツキバレ
2	チューリップ	7	ゴールデンウィーク
3	ハルイチバン	8	ハハノヒ
4	ツツジ	9	タウエ
5	タンポポ	10	ナノハナ

4 ―夏のもの編

バ	エ	シ	リ	オ	ゴ	キ	カ	レ	ナ
ン	ニ	ズ	ア	サ	ガ	オ	ス	ッ	キ
リ	ラ	ュ	コ	チ	タ	デ	ヤ	イ	ハ
ウ	ム	ナ	ウ	カ	ョ	ス	ゴ	カ	ナ
バ	カ	ケ	ギ	ス	ド	ミ	ロ	パ	ビ
イ	ユ	ハ	チ	ノ	ウ	タ	マ	ゼ	タ
ス	ン	モ	ャ	オ	グ	ナ	ミ	イ	イ
ミ	ビ	ア	ガ	ー	デ	ン	モ	コ	カ
キ	ャ	ン	プ	ピ	チ	ダ	ウ	ユ	イ

1	スイカワリ	6	ニュウドウグモ
2	ナツヤスミ	7	ムギチャ
3	カキゴオリ	8	ビアガーデン
4	アサガオ	9	キャンプ
5	ハナビタイカイ	10	ユウダチ

5 —秋のもの編

```
ス ガ ナ サ ツ ラ コ ロ セ パ
ツ モ カ イ ン ワ フ ウ ン ト
ジ イ ス ホ ド マ ン モ ワ ラ
ュ ビ ワ コ キ ド モ ト コ イ
ウ ナ フ シ ウ ガ イ エ オ ネ
ゴ ヘ ミ カ ダ ギ マ テ リ カ
ヤ テ イ サ ロ モ ツ リ ク リ
ノ ソ オ オ セ ト サ ニ ウ ユ
ア フ ゴ ホ ス ナ キ ア メ ヒ
```

1	サンマ	6	ジュウゴヤ
2	ウンドウカイ	7	コオロギ
3	サツマイモ	8	アキナス
4	コスモス	9	イワシグモ
5	クリオコワ	10	イネカリ

7 —冬のもの編

```
ツ タ コ ホ ス ノ ボ ト ク マ
オ デ モ マ ウ ロ イ キ ウ コ
ド ユ ズ ダ グ テ セ シ ン ジ
コ リ キ ブ ナ ク オ ン イ シ
ク オ エ テ ガ ロ ラ シ ジ カ エ
ュ ャ ト ジ ッ リ リ ミ イ ン マ
サ フ ア シ セ セ ュ セ ネ ウ ヌ
ン デ ギ ア ダ ラ ン ラ ウ ヌ
ミ カ ン イ ウ マ イ ミ ボ ゼ
```

1	クリスマス	6	オトシダマ
2	テブクロ	7	ミカン
3	ユキガッセン	8	オセイボ
4	コタツ	9	トウジ
5	セイジンシキ	10	ボウネンカイ

6 —秋のもの編

```
ピ モ デ ー リ コ ズ マ ダ マ
キ イ デ ガ ハ リ ツ ム オ チ
レ ン ジ ヨ ロ タ ド ン グ リ
ー ミ モ ム ケ ヌ キ ポ ョ ア
モ ュ レ ク ナ バ ン ガ ヒ カ
ボ ン ス ノ セ ル ス ー コ ト
ラ ナ ミ ゴ シ イ ユ ズ ク ン
エ ン イ チ ジ ク ロ メ ム ボ
ラ キ ュ ダ ウ フ イ タ ヤ シ
```

1	マツタケ	6	ギンナン
2	モミジガリ	7	アカトンボ
3	ドングリ	8	スズムシ
4	キンモクセイ	9	イチジク
5	ヒガンバナ	10	タイフウ

8 —冬のもの編

```
テ ー デ サ ブ ル ブ ー ト ス
ス ヨ ヘ ウ ソ ヒ カ セ ポ ワ
ジ ゾ ウ ニ モ ブ ロ ー イ ナ
ウ ゴ ト ペ ク ツ メ ヒ ン メ
ソ ナ ア ラ シ ス ハ ブ ル
オ ハ ソ タ ー ミ ッ ビ コ ソ
オ ー ピ レ ツ セ ュ フ ガ ギ
ゴ ラ バ ソ シ コ シ ト ラ ワ
レ ツ バ キ エ ゴ ス ャ シ ソ
```

1	ハツモウデ	6	ツバキ
2	オオソウジ	7	ストーブ
3	ゾウニ	8	トシコシソバ
4	カマクラ	9	シメナワ
5	セツブン	10	コガラシ

言葉探し─解答

空欄を埋めながら、声に出して歌ってみましょう。

『南国土佐を後にして』

作詞／作曲・武政 英策

1
南国土佐を後にして
都へ来てから　　いくとせぞ
思い出します　　故郷の友が
門出に歌った　　｜　①　｜節を
土佐の｜　②　｜の　　播磨屋橋で
坊さん｜　③　｜　　　買うを見た

2
月の浜辺で　　たき火を囲み
しばしの娯楽の　　ひとときを
わたしも自慢の　　声張り上げて
歌うよ土佐の　よさこい節を
みませ見せましょ　　浦戸をあけて
月の名所は　　桂浜

【空欄の解答】① よさこい ② 国親 ③ かんざし

6 穴あきしりとりを完成させよう

穴あきしりとり

空欄に言葉を入れて、しりとりを完成させてください。

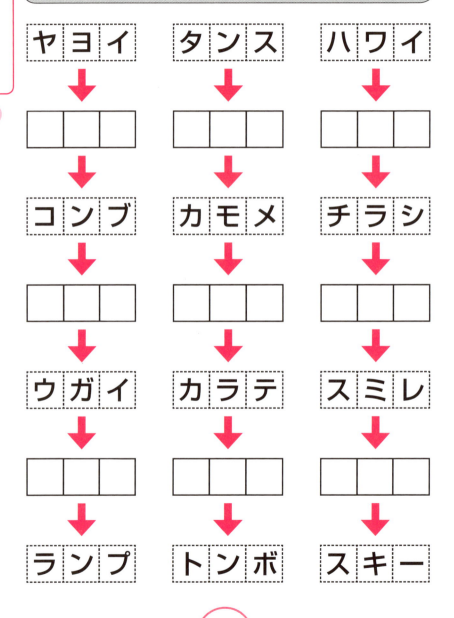

穴あきしりとり

穴あきしりとり

3 文字編—2

空欄に言葉を入れて、しりとりを完成させてください。

ロシア
↓
□□□
↓
ラムネ
↓
□□□
↓
キップ
↓
□□□
↓
ルール

ツバメ
↓
□□□
↓
コアラ
↓
□□□
↓
ゴボウ
↓
□□□
↓
ギンザ

マユゲ
↓
□□□
↓
キナコ
↓
□□□
↓
モズク
↓
□□□
↓
リボン

133

穴あきしりとり

空欄に言葉を入れて、しりとりを完成させてください。

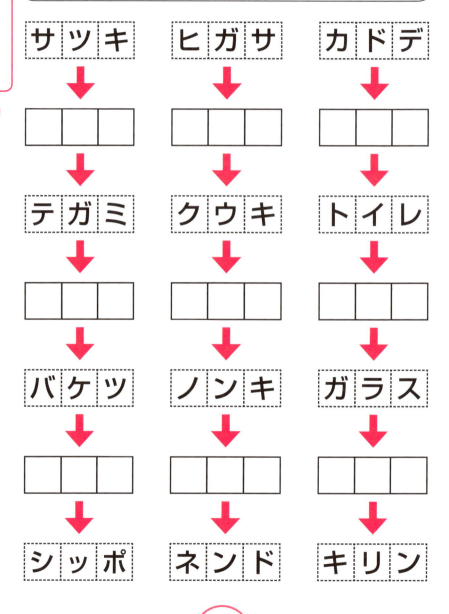

穴あきしりとり

空欄に言葉を入れて、しりとりを完成させてください。

穴あきしりとり

3 文字編——4

オ	ク	ラ

↓

↓

オ	ウ	ム

↓

↓

バ	ッ	タ

↓

↓

ミ	カ	ン

ユ	ビ	ワ

↓

↓

ツ	ク	エ

↓

↓

カ	ツ	オ

↓

↓

ネ	ズ	ミ

ナ	ル	ト

↓

↓

イ	ン	ド

↓

↓

ツ	バ	サ

↓

↓

ウ	サ	ギ

135

穴あきしりとり

空欄に言葉を入れて、しりとりを完成させてください。

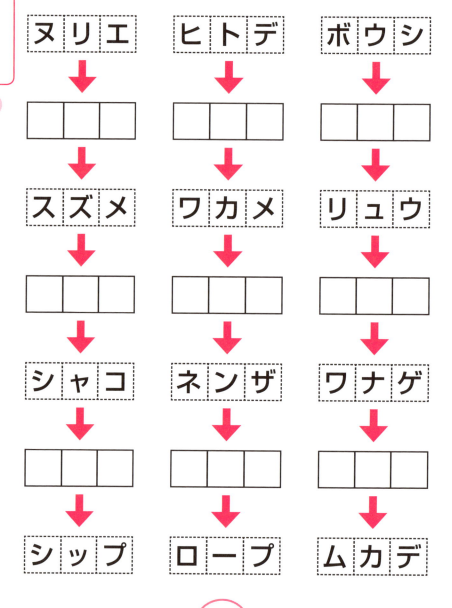

穴あきしりとり

空欄に言葉を入れて、しりとりを完成させてください。

穴あきしりとり

3 文字編——6

ヨ	ッ	ト

↓

↓

ト	ン	ビ

↓

↓

コ	ー	ラ

↓

↓

ダ	イ	ズ

メ	ン	マ

↓

↓

シ	ャ	チ

↓

↓

ク	サ	リ

↓

↓

ゴ	ー	ル

ベ	ン	チ

↓

↓

キ	ノ	コ

↓

↓

マ	イ	ク

↓

↓

デ	ッ	キ

137

穴あきしりとり

空欄に言葉を入れて、しりとりを完成させてください。

穴あきしりとり ④ 文字編―1

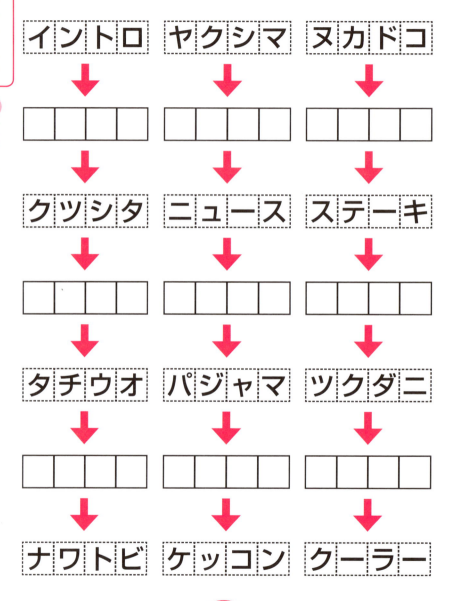

穴あきしりとり

穴あきしりとり　4　文字編—2

空欄に言葉を入れて、しりとりを完成させてください。

ボ	ン	サ	イ

↓

↓

シ	モ	ツ	キ

↓

↓

ウ	メ	ボ	シ

↓

↓

マ	ラ	ソ	ン

ホ	ネ	ツ	ギ

↓

↓

ウ	グ	イ	ス

↓

↓

ク	シ	ャ	ミ

↓

↓

ル	ス	バ	ン

ア	カ	シ	ア

↓

↓

オ	シ	イ	レ

↓

↓

ド	ー	ナ	ツ

↓

↓

ト	ウ	ガ	ン

ここに掲載した言葉でなくても、しりとりがつながれば正解です。

穴あきしりとり―解答

3文字編―1

ヤヨイ → インコ → コンブ → ブドウ → ウガイ → イクラ → ランプ

タンス → スイカ → カモメ → メダカ → カラテ → テスト → トンボ

ハワイ → イタチ → チラシ → シワス → スミレ → レタス → スキー

3文字編―2

ロシア → アブラ → ラムネ → ネマキ → キップ → プール → ルール

ツバメ → メンコ → コアラ → ラクゴ → ゴボウ → ウナギ → ギンザ

マユゲ → ゲンキ → キナコ → コドモ → モズク → クスリ → リボン

3文字編―3

サツキ → キッテ → テガミ → ミツバ → バケツ → ツクシ → シッポ

ヒガサ → サバク → クウキ → キモノ → ノンキ → キツネ → ネンド

カドデ → デート → トイレ → レンガ → ガラス → ススキ → キリン

3文字編―4

オクラ → ラジオ → オウム → ムシバ → バッタ → タタミ → ミカン

ユビワ → ワルツ → ツクエ → エンカ → カツオ → オカネ → ネズミ

ナルト → トケイ → インド → ドイツ → ツバサ → サトウ → ウサギ

140

穴あきしりとり―解答

3文字編―5

ヌリエ → エビス → スズメ → メザシ → シャコ → コケシ → シップ

ヒトデ → デンワ → ワカメ → メガネ → ネンザ → ザクロ → ロープ

ボウシ → シオリ → リュウ → ウキワ → ワナゲ → ゲーム → ムカデ

4文字編―1

イントロ → ロウソク → クツシタ → タナバタ → タチウオ → オカリナ → ナワトビ

ヤクシマ → マカロニ → ニュース → スリッパ → パジャマ → マツタケ → ケッコン

ヌカドコ → コスモス → ステーキ → キャベツ → ツクダニ → ニンニク → クーラー

3文字編―6

ヨット → トマト → トンビ → ビワコ → コーラ → ラクダ → ダイズ

メンマ → マムシ → シャチ → チコク → クサリ → リンゴ → ゴール

ベンチ → チマキ → キノコ → コダマ → マイク → クマデ → デッキ

4文字編―2

ボンサイ → イノシシ → シモツキ → キキュウ → ウメボシ → シマウマ → マラソン

ホネツギ → ギンコウ → ウグイス → スゴロク → クシャミ → ミソシル → ルスバン

アカシア → アサガオ → オシイレ → レコード → ドーナツ → ツイスト → トウガン

> 空欄を埋めながら、声に出して歌ってみましょう。

『東京キッド』

作詞・藤浦 洸 ／ 作曲・万城目 正

1
歌も楽しや　　東京キッド
いきで　　| ① |　で　　ほがらかで
右のポッケにゃ　　夢がある
左のポッケにゃ　　| ② |
空を見たけりゃ　　ビルの屋根
もぐりたくなりゃ　　| ③ |

2
歌も楽しや　　東京キッド
泣くも　　笑うも　　のんびりと
金はひとつも　　なくっても
フランス　　香水　　| ④ |
空を見たけりゃ　　ビルの屋根
もぐりたくなりゃ　　| ③ |

【空欄の解答】①おしゃれ ②チューインガム ③マンホール ④スミレ

【著者紹介】

■デイサービスたまや

　愛知県名古屋市守山区のデイサービスを提供する介護施設。認知症の進行予防を目的としたプログラムを数多く取り入れ、個人の有する能力に応じた個別ケアを実施している。レクリエーションでは、利用者と職員が一緒になって楽しみ、時には職員が夢中になるあまり、利用者が大爆笑などということも。施設理念である「孤独感ゼロ・足のむくみゼロ・空白の時間ゼロ」を徹底し、デイサービスの利用により住み慣れた自宅での生活が可能な限り継続できるよう支援している。

　代表は、介護歴16年の介護福祉士、介護支援専門員（ケアマネージャー）の資格を有する小野寺亨子氏で、本書の問題は小野寺氏はじめ、デイサービスたまやのスタッフ全員で制作している。

　著書に、『思わず解きたくなる脳のための毎日テスト』（自由国民社）がある。
〔住所／愛知県名古屋市守山区金屋1丁目16番5号1／電話 052-768-5912〕

◆ 本書執筆スタッフ：小野寺亨子／竹内香菜恵／小松千恵美／高橋美和／
　　　　　　　　　　　平松美子／梅村理恵／鈴木留里子／志摩文子
◆ イラスト：竹内香菜恵
◆ ブックデザイン＆DTP：小島文代

思わずもっと解きたくなる脳のための毎日テスト

2018年9月6日　　初版　第1刷発行
2022年4月15日　　初版　第5刷発行

著　者：デイサービスたまや
発行者：石井　悟
印刷所：横山印刷株式会社
製本所：新風製本株式会社
発行所：株式会社 自由国民社
　　　　〒171-0033 東京都豊島区高田 3-10-11
　　　　営業部：TEL 03-6233-0781／FAX 03-6233-0780
　　　　編集部：TEL 03-6233-0786／URL https://www.jiyu.co.jp/

JASRAC 出 1808544－205

©2018
・落丁・乱丁はお取り替えいたします。
・本書の全部または一部の無断複製（コピー、スキャン、デジタル化等）・転訳載・引用を、著作権法
　上での例外を除き、禁じます。ウェブページ、ブログ等の電子メディアにおける無断転載等も同様
　です。これらの許諾については事前に小社までお問合せ下さい。